Hannes Sonnberger

KLARTEXT

Eine Boomer-Streitschrift für die Aufklärung in unaufgeklärten Zeiten.

Gewidmet meiner großen und großartigen Familie,
in der die Liebe wohnt.

www.drsonnberger.com

Umschlaggestaltung, Satz:
Genious Graphics Gabriele Sonnberger
Illustraton: Adobe Stock/kolonko

Porträtfoto: Simon Klein

Herstellung und Verlag:
BoD – Books on Demand, Norderstedt
ISBN: 9783759706713

Das erste Vorwort.

Ich bin ein Boomer. Jahrgang 1958.
Aufgewachsen in der damals provinziellsten Provinz von Österreich – in Linz an der Donau.
Wohl wissend, wie gotteslästerlich mein Ansinnen ist: Als ich mit 15 Jahren merkte, wie der original Rock´n´Roll der 50er und 60er-Jahre an meinen Gliedmaßen rüttelte, habe ich es so sehr bedauert, Chuck Berry, Jerry Lee Lewis oder Buddy Holy nicht in ihren Glanzzeiten auf der Bühne erlebt zu haben.
Auch wenn das bedeutet hätte, Anfang der 40er-Jahre geboren worden zu sein – und wer will das schon?
Anfang der 40er-Jahre des 20. Jahrhunderts bereitete sich mein Vater darauf vor, zur Wehrmacht einberufen zu werden und meine Mutter – mitten in eine Nazi-Familie geboren – weigerte sich, dem BdM (Bund deutscher Mädchen) beizutreten.
Die beiden – in der Zeit nach dem Zweiten Weltkrieg vielfach gebrochen und vollkommen verwirrt – haben meinen Bruder und mich erzogen.
Und als ich dann selbst Vater wurde, hatte ich kaum eine Blaupause, an der ich mich meinen Kindern gegenüber orientieren konnte. Ich wusste nur eines: So, wie meine Eltern mit mir umgegangen waren, wollte ich auf keinen Fall mit meinen Kindern umgehen ...
Neulich haben mir meine Kinder in unsere WhatsApp-Gruppe – ich liebe diese gemeinsame Plattform, die nur

uns gehört – einen Link geschickt, wo sich eine junge Frau, die in den späten 90er-Jahren ein Kind gewesen ist, darüber beklagte, dass sie ein Kindheits-Trauma erlitten hat. Sie hatte als Kind den vielfach preisgekrönten Zeichentrickfilm von Steven Spielberg „In einem Land vor unserer Zeit" gesehen.

Und da gibt es eine Szene, in der die Mutter des kleinen Sauriers „Little Foot" stirbt und der kleine Held – eben Little Foot – herzzerreißend über diesen Verlust trauert.

Ich habe diesen Film dutzende Male mit meinen Kindern gesehen und weiß noch, wie sie sich bei dieser Szene an mich kuschelten und wir uns gegenseitig Trost spendeten. Es wäre mir aber in meinen schrecklichsten Albträumen nicht eingefallen, dass diese Szene ein „Trauma"(!) bei meinen Kindern angerichtet haben könnte.

Achtung, jetzt kommt die ganz schreckliche Boomer-Relativierung: Ich bekam als kleiner Bub noch den Struwwelpeter vorgelesen und weiß noch, wie schrecklich ich die Szene fand, als der Schneider mit seiner großen Schere dem Daumenlutscher den Daumen abschnitt.

So verschieben sich die Parameter der Grausamkeiten und wahrscheinlich haben sich meine kriegsgeschüttelten Eltern gefragt, was an der Daumenabschneiderei gar so fürchterlich sein soll, während mein Vater an von Granaten zerfetzte Gliedmaßen denken musste.

Und im Jahr 2023 beobachtete ich einen florierenden Betrieb im kriegsverschonten Westeuropa, wo die recht

jungen Mitarbeitenden nach den Strapazen der Pandemie mit dem Umstand, dass Krieg ist in der Ukraine nicht mehr zurechtkommen und bei der Geschäftsführung deponieren, dass sie aufgrund dieser psychischen Stressoren nun nicht mehr arbeiten können.
Und ich habe mich gefragt: Wie kommen denn nun die jungen Mütter in der Ukraine damit zurecht, dass sie mit ihren Kindern in die Bunker flüchten müssen oder dass sie hochgradig gefährdet sind, von den russischen Aggressoren vergewaltigt zu werden. Oder gar die älteren Mütter, deren erwachsene Kinder in Uniformen stecken und an der Front die Invasion ihrer Heimat abwehren. Wenn also eine durchaus traurige Szene in einem Zeichentrickfilm für Angehörige einer bestimmten Generation bereits ein „Trauma" darstellt, wie wollen wir alle denn nun mit dieser verbalen Eskalationsspirale umgehen, die sich – aus meiner Sicht – so unreflektiert und unkontrolliert nach oben schraubt? Was ist die Steigerung von „Trauma", wenn sie einen Zustand beschreiben soll, der mit brutal-realen körperlich/seelische Verwundungen stattfindet?
Während all das geschieht, rütteln Umfragedaten in Österreich jemanden wie mich aus der vermeintlichen Beschaulichkeit: Mehr als 40 Prozent meiner Landsleute finden, die Ukraine sollte halt endlich ihre östlichen Landesteile den Russen überlassen, denn dann wäre endlich Ruhe und „wir" könnten aufhören, die ukrainische Bevölkerung vor Ort und die Geflüchteten bei uns zu unterstützen.
Und die Rechtspopulisten – ich habe in diesem Augenblick

diese Vokabel zum letzten Mal in diesem Buch geschrieben, denn dieser Euphemismus verbirgt eine präzise Wahrheit: es sind astreine Faschisten (auch keine Proto- oder Neo-Faschisten, sondern ganz eindeutig Faschisten) – diese Faschisten eben nützen die Instrumente der Demokratie, um diese wertvollste Errungenschaft der Menschheitsgeschichte aus dem Weg zu räumen.
Während all das geschieht, ereifern sich beflissene Tugendwächter*innen, um sich für die alltägliche Verankerung von mittlerweile mehr als 60 verschiedenen Geschlechtsidentitäten ins Zeug zu legen, N-Wörter aus historischen Texten zu eliminieren, westliche Menschen mit Rasta-Frisuren zu canceln und einen subtilen bis manifesten Druck gegen alle aufzubauen, denen die Verfolgung dieser Ideale kein tägliches Anliegen ist. Da wird dann von persönlichen Werten gesprochen, die nicht verunglimpft werden dürfen und beim geringsten Widerwort fließen die Tränen und die emotionale Erpressungs-Wäschewalze wird angeworfen.
Und so ein Boomer wie ich fragt sich dann:
Was habe ich falsch gemacht? Wo sind die alle falsch abgebogen? Wo habe ich den richtigen Exit versäumt? Wer wird den Wettlauf der Intoleranz gewinnen – die Faschisten oder die Woken – denn das ist die Schnittmenge dieser beiden Ideologien: Die unerträgliche Intoleranz und die penetrante Opfer-Mentalität.
Beides völlig deplatziert in einem liberalen aufgeklärten Biotop.

Das Biotop der Aufklärung, das sich seit Jahrhunderten gegen den Partikularismus oder – jetzt neu – gegen den Tribalismus wehrt und sich einem universellen Menschenbild verschrieben hat, das vom Diskurs lebt und nicht von der Diskriminierung des Andersartigen. Das Gerechtigkeit anstrebt und nicht Rache.

Das Demokratie will und nicht die Hysterie wechselnder Minderheiten.

Darüber will ich schreiben. Leidenschaftlich. Zornig. Mit einer Streitschrift für die Werte der Aufklärung.

Nicht wissenschaftlich. Ohne Fußnoten.

Aber aus der Tiefe eines bebenden Herzens, das sich seit mehr als vier Jahrzehnten den Werten der Aufklärung verschrieben hat und sich dieses Fundament nicht nehmen lassen will.

Das ist nun also mein erstes Vorwort.

Es soll Einblick geben in die Untiefen meiner Emotionen, die ich mir in diesem Buch erlauben möchte.

Das zweite Vorwort.

2016. Ich sitze gegenüber meiner wunderbaren Frau auf der Terrasse eines Hauses bei Volterra in der Toskana und wir schreiben beide an unseren Büchern.
Sie am ersten Wurf ihrer böhmischen Familien-Trilogie. Ich an meinem Buch „Tool Box“, dem beinahe ultimativen Universalhandbuch für Führungskräfte.
In der Zwischenzeit ist die Familien-Trilogie sehr erfolgreich erschienen. Und aus meiner „Tool Box“ ist ein „Longseller“ geworden, wie meine mich liebende Frau charmant anmerkt. Weil die „Tool Box“ ist zwar kein Chart-Stürmer geworden, verkauft sich aber nach wie vor als sehr geschätztes Vademecum für viele, die im hartnäckig anspruchsvollen Führungsalltag einen handlichen Souffleur wollen.

In den Jahren seit 2016 hat sich enorm viel verändert.
Die wohl markantesten und dramatischsten Zäsuren, denen sich niemand entziehen konnte, waren und sind die Corona-Pandemie und der Krieg in der Ukraine.
Beide Einflussfaktoren zeigen uns auf gnadenlose Weise, wie sehr wir alle – weltweit – miteinander verbunden und im doppelten Wortsinn betroffen sind (als Opfer und/oder als Mitfühlende). Beide Markierungspunkte haben nach kurzer Zeit unauslöschliche Spuren bei den einzelnen Individuen und in den großen Gesellschaften hinterlassen. Mehr noch: Sie haben unser aller Kommunikationsver-

halten mit einer Duftmarke bestäubt, die wir – und unsere Nachfahren – wohl so schnell nicht mehr loswerden (können).
Corona und der Krieg haben den Tod auf eine Weise in unser Leben gekippt, die wir in dieser Form im scheinbar friedlichen Alltag unserer Komfortzone nicht kannten oder nicht wahrhaben wollten.
Aber nicht nur Abertausende Menschen sind mittlerweile qualvoll aus ihren Existenzen gerissen worden, auch unhinterfragte und nicht servicierte Gewohnheiten in der zwischenmenschlichen Kommunikation haben Ihre Selbstverständlichkeit verloren und wurden durch manchmal erschreckende und tatsächlich von mir als Rückschritte empfundene Grobheiten ersetzt.
So vieles ist anders geworden. Anders im Sinne von ungewohnt, irritierend, herausfordernd, verstörend, ablösend, neues Lernen erfordernd.

Das Arbeitsleben hat sich unwiderruflich geändert. Noch vor ein paar Jahren schien es, als wäre der größte „Change" im Arbeitsleben mit den agilen Formen der Kollaboration verbunden. Mittlerweile haben uns die pandemiebedingten Lockdowns auf die harte und schnelle Tour beigebracht, wie man sich von Vorurteilen gegenüber dem Homeworking löst. Und kaum haben wir gelernt, wie man mit dieser neuen Realität umgeht, bläst uns schon der nächste „wind of change" ins Gesicht: Viele Menschen haben sich mittlerweile organisatorisch, infrastrukturell und ergonomisch

zuhause besser eingerichtet, als in den Firmen und wollen gar nicht zurück an die betrieblichen Arbeitsplätze. Dort werden die nicht nur positiven Effekte des remote workings spürbar: Allen ambitionierten Hoffnungen zum Trotz lässt sich die zwischenmenschliche Chemie, die Spontaneität und die spielerische Leichtigkeit des ungeplant aufeinander Zugehens in der 3D-Wirklichkeit eben nicht durch noch so intuitive elektronische Tools ersetzen.
Als Wirtschafts-Coach kann ich das alles hautnah beobachten und bin gleichzeitig selbst massiv betroffen. Ein Computer-Bildschirm egal welcher Größe und Brillanz kann einfach nicht die Nervosität, die Anspannung, das Beben, die Aufregung, den Geruch und die Aura eines Menschen vermitteln, der einem irgendwo virtuell gegenübersitzt und sich bemüht, gut über den Schirm rüberzukommen.
Trotz all dem gibt es eine erhebliche Anzahl von Menschen, die die Rückkehr in die Büro-Räumlichkeiten als Rückschritt und Nachteil empfinden und die Klage darüber führen, dass dadurch eine Menge eingespielter Rituale aufgehoben werden, die eine angenehme Balance zwischen Privat- und Berufsleben ermöglichten.
Von hier zum Thema der sogenannten „work/life-balance“ ist es nur noch ein kleiner Schritt.
Ich erlaube mir an dieser Stelle eine Anmerkung: Ich persönlich finde den Begriff „work/life-balance“ im höchsten Maß irreführend, weil er aus meiner Sicht einen Unterschied zwischen der „Arbeit“ und dem „Leben“ gene-

riert. Wohl wissend, dass mit „life“ das Privatleben gemeint ist, glaube ich trotzdem, dass die „Arbeit“ ein natürlicher normaler Teil des gesamten Lebens sein könnte/sollte und nicht ein Störfaktor, der uns vom „wirklichen Leben“ abhält. Selbstverständlich weiß ich, wie dröge Führungskräfte und/oder uninspirierte Mitarbeitende jegliche Faszination aus der Arbeitswelt ausradieren können. Das ändert aber nichts an meiner realen Fantasie eines lustvollen Broterwerbs ...

In einer meiner zahlreichen Team-Analysen habe ich kürzlich ein Team-Mitglied gefragt, wie „sinnstiftend“ die eigene Arbeit und die des Teams wäre.
Die Antwort: „Sinnstiftend? Nein! Den Sinn hole ich mir von wo anders, den kann die Arbeit nicht liefern. Wenn ich Sinn suche, finde ich den in meinem privaten Leben.“
Ich konnte nicht umhin, still und tief in mir drin so etwas wie Trauer zu empfinden, dass der Broterwerb eine so hohle Rolle im Leben einer Repräsentant*in der sogenannten „Generation Z“ spielt.
Diese Generation der um die Jahrtausendwende Geborenen tickt fundamental anders, als die Generationen davor – auch, als die vordergründig ähnliche der „68er“.
Sie hat die Last einer selbst empfundenen „Letzten Generation“ geschultert und reklamiert mit großer Intensität das Umdenken und vor allem ein neues Verhalten gegenüber allen Aspekten, die mit dem von Menschen geschaffenen Klimawandel zu tun haben. Dabei werden aktionistische

Formen der Aufmerksamkeits-Beschaffung gewählt, die es wert sind, diskutiert zu werden.

Der Unmut erstreckt sich aber nicht nur auf Fragen des meteorologischen Klimas, sondern auch auf Aspekte des Klimas der Kommunikation – Stichwort „Wokeness".

In diesem Szenario bin ich als Mitglied meiner Generation immer häufiger mit Etikettierungen als „Boomer" oder „Alter Weißer Mann" konfrontiert. Eine Zuordnung, die mich durchaus provoziert und manchmal auch verärgert.

Besonders „aufregend" dabei: Die kritische Infragestellung von regelrechten Mantren, die mich in den letzten 40 Jahren meines Berufslebens als „Werber" und als Wirtschafts-Coach begleitet und geleitet haben. Diese Leitgedanken, die sich so lange als hilfreich und krampflösend erwiesen und sich trotz dieser Wirksamkeiten nicht einmal bis jetzt noch allgemein durchgesetzt haben, stehen nun zur Disposition. Sie werden bedrängt und sogar angegriffen von „neuen" Ansätzen, die sich so unerbittlich artikulieren, dass ich sie ohne Zurückhaltung als Dogmen bezeichnen möchte. So soll dieses Buch gleich mehrere Ziele verfolgen:

Einerseits der manchmal vielleicht sogar als wehmütig interpretierbare Rekurs auf meiner Meinung nach hochwirksame und gleichzeitig in Zweifel geratene Tools und Prinzipien der zwischenmenschlichen Kommunikation.

Andererseits eine Streitschrift gegen die ausufernden Grandiositäten der aktuell „angesagten" Leuchttürme der „Wokeness".

Und ein Appell für den Fokus auf die einfach guten und erwiesenermaßen wirksamen Instrumente des Diskurses inklusive dem Schwerpunkt auf einen Kompass, der mich – bewusst und unbewusst – durch mein ganzes Leben geleitet hat: Toleranz als den Verdacht, der andere Mensch könnte recht haben.

Dieses Buch ist als Streitschrift eines prononcierten Menschen angelegt.
Diese Streitschrift will gar nicht den Anspruch auf „wissenschaftliche Neutralität" erheben. Sie sucht die Klarstellung und die Abgrenzung und ist motiviert von einem tiefen Unbehagen, dass sich die sogenannten westlich-pluralistischen Demokratien auf eine Verengung und Polarisierung zubewegen, die als Endresultat ihre eigene Abschaffung erzielen. Ich erlaube mir Meinungen, die ich zwar – so hoffe ich – sorgfältig durchdacht und abgewogen habe, die aber im wörtlichen Sinn „meine" Ansichten beschreiben. Meine Sorgen, Beobachtungen und sogar Ängste. Hier „treiben" mich mehrere Identitäten – hier bin ich, um ein sehr im Schwange befindliches Wort zu strapazieren – intersektional: Der promovierte Politikwissenschafter, der erfahrene Kommunikations-Experte und der leidenschaftliche systemische Wirtschafts-Coach. Und zu allem Überfluss auch noch – und in den Augen mancher auch noch strafverschärfend – der Boomer, dessen Sozialisation so fundamental anders verlaufen ist, als beispielsweise die der „GenZ", der eines meiner drei Kinder angehört.

Es ist tatsächlich so: In den 66 Jahren meiner Existenz – oder nehmen wir gerne die bisher 47 Jahre meines erwachsenen Lebens – hatte ich bis vor ca. 10 Jahren wirklich nie den Eindruck, dass die Demokratie als jene Form des Zusammenlebens, in der wir uns ausmachen, WIE wir miteinander leben möchten, in irgendeiner Form gefährdet wäre. Ich habe Regierungen erlebt, denen ich geradezu intensiv zustimmen konnte und solche, gegen die ich mich resolut gewehrt habe. Aber niemals hatte ich Sorgen, dass das demokratische System per se zur Disposition stünde. Diese Sorge quält und beschäftigt mich mittlerweile so gut wie täglich und hat sogar wegen einiger meiner Unachtsamkeiten Einfluss auf meine körperliche Gesundheit gehabt, die mittlerweile – von mir besser geschützt – wieder in Ordnung ist. Ich will aber hier von Anfang an nicht hinter dem Berg halten.

Meine besorgte These lautet:

Je mehr wir uns in den immer dogmatischer werdenden Ansprüchen und Verengungen der sogenannten „Wokeness“ verirren, umso leichter gelingt es den Faschisten, genau jenes demokratische System wegzuräumen, mit dessen Mitteln und Instrumenten sie seine Abschaffung betreiben.

Wenn Journalist*innen, Lehrende, Wissenschaftler*innen, Führungskräfte ihre Jobs verlieren, weil ihre Sprache nicht den Zuspitzungen einer lauten Minderheit entspricht, dann ist es nicht mehr weit zur generellen Zensur, den Bücherverboten und schlimmstenfalls -Verbrennungen

und dem Totalitarismus jener, deren grausames Erbe Menschen wie ich für überwunden hielten oder zumindest ein Leben lang bekämpften.
Wenn das absolut nachvollziehbare Streben nach Gerechtigkeit in die real exekutierte Rache kippt, dann fühlt sich das auf eine Art beklemmend an, wie ich sie bis vor wenigen Jahren für tatsächlich überwunden gehalten habe.
Mir graut einfach vor der Vorstellung sich händereibender Faschisten, die sich prustend darüber amüsieren, wie sich die verhassten Demokrat*innen in einem explodierenden Tugendwächtertum gegenseitig atomisieren, während ein gnadenloser Populismus gegen die Grundlagen des Humanismus und des Rechtsstaats mit beängstigendem Erfolg angeifert.

Mein persönliches Refugium in diesen Irrungen und Wirrungen war, ist und bleibt seit Jahrzehnten die Aufklärung. Die Aufklärung, die von heutigen Polemiker*innen als Machtquelle alter weißer Männer diffamiert wird. Ich werde dieser Quelle des humanistischen Reichtums eine ausführliche Betrachtung widmen, weil ich es unerträglich finde, die wunderbaren Gedanken außerordentlich kluger Menschen in einen testosterongetränkten Zusammenhang zu zwingen. Kant, Rousseau, Voltaire und andere ihrer lichtvollen Zeitgenossen lebten und wirkten im 18. Jahrhundert.
Im 18. Jahrhundert, in dem – leider! – die gesellschaftliche Stellung der Frau eine ganz andere war, als wir sie heute für richtig halten. Und es finden sich mit nur ein paar

Google-Klicks hervorragende Beispiele, mit denen man heute beweisen kann, welch schlimme Sexisten diese Männer waren, wenn man sie mit heutigen Maßstäben kategorisieren will. Das alles ist keine Kunst.

Vergessen und ignoriert bleiben dabei die unverwüstlichen Spuren der Erklärung der Menschenrechte, des Kampfes gegen den Absolutismus der Herrschenden, der Ausdauer gegen Aberglauben und Bigotterie.

Und auch der Ablehnung von Sklaverei und Kolonialismus von Männern, die selbst Sklaven hielten (eines der beliebtesten Totschlagargumente heutiger Puritaner*innen gegen die Aufklärer-Personen, um gleich in einem Aufwasch auch deren Ideen zu diskriminieren).

Aufklärung ist mühsam. Aufklärung ist Arbeit. Tunlichst am Balken im eigenen Auge und nicht am Dorn im Auge der anderen Person. Aufklärung verlangt Auseinandersetzung und Diskurs. Verbote und Verengungen sind das Gegenteil von Aufklärung und bewirken nur Abwehr und Trotz.

Nach so vielen Jahren Beschäftigung mit strategischer Kommunikation fällt es mir unendlich schwer hinzunehmen, dass es eine kluge Strategie wäre, die tatsächlichen und so empfundenen Übeltäter auf dem Feld der Diskriminierung mit jenen Waffen zu schlagen, mit denen sie selbst ihr Unheil angerichtet haben. Nicht einmal in der Hundeschule gilt es als intelligent, den Vierbeiner mit der Schnauze in jenes Häufchen zu stoßen, das er verbotenerweise in der Zimmerecke platziert hat.

Für alle, die es weniger brachial bevorzugen, erwähne ich gerne die Erkenntnisse zweier Herren, die im Abstand von 2600 Jahren gelebt haben.

Der chinesische General Sun Tsu, dem es vor sehr langer Zeit gelungen war, durch kluge Kriegsführung die geografische Ausdehnung des damaligen Kaiserreichs zu verfünffachen, hielt fest: „Betritt nicht das Feld des Gegners!"

Denn dort würde einem der Gegner mit besserer Ortskenntnis und taktischen Vorteilen seine eigenen Regeln aufzwingen. Aus heutiger Sicht: Genau das wäre die Rechnung, die all jenen ausgestellt würde, die den bisherigen Unterdrückern mit dem Furor der Rache – und nicht der Gerechtigkeit – entgegentreten wollen.

„Jetzt werdet ihr einmal sehen, wie es uns so lange ergangen ist – geschieht Euch recht!" ist in diesem Sinne eine zwar menschlich nachvollziehbare, strategisch aber selbstschädigende Orientierung.

Der zweite große Denker und Praktiker ist Steve de Shazer, ein zu seinen Lebzeiten und darüber hinaus weltberühmter Psychotherapeut und Coach. Er hat uns neben vielen anderen Weisheiten mit dem auf den ersten Blick verstörenden Leitgedanken „The solution has nothing to do with the problem" beschenkt.

Soll heißen: Wenn wir die DNA des Problems in den Mechanismus der Lösung einbauen, erhalten wir wieder nur das selbe Problem, dann halt in neuem Outfit.

Die Lösung eines Problems sollte deshalb genau dort gesucht werden, wo das Problem nicht ist. Oder – wie es mir ein bildhaft sehr begabter Klient einmal beschrieb: Wenn ich mit meinem Landrover auf einem Feldweg unterwegs bin und ich sehe vor mir einen Baum quer über den Weg liegen, dann muss ich schauen, wo der Baum nicht ist, um weiterfahren zu können. Wenn ich immer nur auf den Baum starre, fahre ich unweigerlich in ihn hinein.

Bevor mir jetzt ein trickreiches Ausweichen vor der unvermeidbaren Auseinandersetzung vorgeworfen wird: Genau so ist es ja grade nicht. Es geht mir um die gemeinsame Suche nach Auswegen und Lösungen. In voller Anerkennung eigenen (oft genug sogar desaströsen) Fehlverhaltens. Es geht mir ausdrücklich nicht um die Zuordnung einer untragbaren Schuld, ähnlich einer Erbsünde, mit der jeder Mensch, den der Zufall mit einer bestimmten Hautfarbe oder einem bestimmten Geschlecht beschenkt hat, automatisch in Täter*in und Opfer sortiert wird. Mit dem Schuldgedanken haben Glaubensgemeinschaften über Jahrhunderte ihre Schäfchen klein gehalten und entwürdigt – das ist wohl wirklich kein nachahmenswertes Erfolgsmodell.
Es geht in diesem Sinne auch nicht um die strafweise Verteilung von Büßerhemden, mit denen immer ein/e Teilnehmer*in der Lösungsarbeit – seiner/ihrer Würde und Selbstachtung beraubt – durchs Leben schlurfen muss. In den letzten beinahe 20 Jahren als Wirtschafts-Coach habe ich an die 5000 Personen einzeln oder in Gruppen betreut. Ich glaube, ich darf auf dieser Grundlage fest-

stellen, dass mir nicht mehr sehr viel Menschliches fremd ist. Wie ich noch genauer ausführen werde, ist es in all den Jahren noch nie „passiert“, dass die Lösung von Konflikten durch eine einseitige Schuldzuweisung an eine einzige Partei „gelungen“ wäre. Es waren immer die Bemühungen von beiden Seiten, die zu haltbaren und nachhaltigen Lösungen führen konnten. Für alle Zweifler: Selbstverständlich auf der Basis guten Willens und guter Absichten auf beiden Seiten. Und ebenso selbstverständlich nicht auf der Grundlage einer leider immer gängiger werdenden Praxis, nämlich einer „false balance“, die evidenzbefreit einfach jeder Partei, die Behauptungen einwirft, unhinterfragt die gleiche Präsenz zusichert.

Sehr profan formuliert kann man das Wirkprinzip einer gelebten aufgeklärten Kommunikationspraxis durchaus auch mit dem wunderbaren Prinzip des journalistischen „Check/Re-Check/Double-Check“ umschreiben, was wiederum nichts anderes bedeutet als Arbeit/Arbeit/Arbeit und sehr viel Mühe, die vor einem schnellen Vor-Urteil schützt. Das alles sind – oder wären – typisch menschliche Tugenden, die uns von anderen Lebensformen unterscheiden und die uns ebenfalls vor der Gängelung durch Algorithmen aller Art schützen und bewahren könnten. Wenn wir nur einsehen könnten, dass Erkenntnis kein Lottogewinn ist und Fortschritt nur gemeinsam erzielt werden kann.

Überall, wo Fortschritt durch Lösungsarbeit erzielt wird, menschelt es. Das macht uns Menschen so besonders.

Und so besonders wertvoll. Wenn wir uns bloß dieses Werts bewusst wären oder sein könnten. In diesem Sinn denke ich an die ersten Jahre meiner Tätigkeit als Coach. Da habe ich mich als „Humanizer“ positioniert.

Das ist die Duftmarke, die ich in diesem Buch setzen will.

Aufklärung.

An den Beginn meiner gedanklichen Reise durch eine der großartigsten Errungenschaften menschlichen Geistes – die Aufklärung – möchte, nein: muss ich eine Er-Klärung stellen.

Nichts wäre anmaßender, als sich der Hybris hinzugeben, auch nur annähernd erschöpfend eine solche Reise zu unternehmen, ohne das vorhersehbare Scheitern zerknirscht einzukalkulieren, nicht einmal ansatzweise alle Weiten und Tiefen dieses lichtvollen Landes durchschreiten zu können.

Stattdessen will ich meine höchstpersönliche intellektuelle und emotionale Zuwendung zur Aufklärung als sich nie vollendende Grundorientierung darstellen und diese Darstellung auch als meine Triebfeder für meinen Widerstand gegen aus meiner Sicht überbordende Bemühungen all jener Haltungen und Verhaltensweisen positionieren, die man gemeinhin als „woke" bezeichnet.

Es ist noch nicht lange her, da kippte mein latentes und schwer zu beschreibendes Unbehagen in manifesten Zorn, als mich jemand, der mich wirklich besser hätte kennen sollen, (wahrscheinlich unabsichtlich) in direkten Zusammenhang mit einer Kritik an der Aufklärung stellte. Diese Kritik war so derartig grob und armselig (die Aufklärung hätte außer für den weißen, privilegierten Mann für niemanden Vorteile gebracht), dass ich die ursprüngliche Absicht meines Buchs neu orientieren wollte.

Schlagartig waren Spurenelemente und tragende Säulen jenes Weltbildes an die Oberfläche gedrängt, das mich seit mindestens 45 Jahren als innere Leitplanken begleitet und mir auch als strenge Maßstäbe gegen das eigene Denken und Handeln regelmäßig schwere Prüfungen auferlegt. Als jemand, der sich seit seiner Kindheit (tatsächlich: seit der Kindheit!) mit der Beobachtung politischer und sozialer Gegebenheiten beschäftigt, habe ich eine durchaus lange Expedition durch das weite Land ideologischer Orientierungen hinter mir. Von der elterlich beeinflussten bürgerlich-konservativen Weltsicht hin zu einer radikalen linken Prinzipientreue, weiter ins grün-alternative Lager und schließlich – seit gut 35 Jahren in ein links-liberales Feld, auf dem ich mich loyal und leidend aufhalte. In all den Jahren blieb ein in meinem Innersten immer verlässlich klingendes Grundrauschen erhalten:

Die tiefe Überzeugung, dass das individuelle und gesamtgesellschaftliche Zusammenleben am besten funktioniert, wenn sich eine überwiegende Mehrheit der Menschen von den Grundlagen der Aufklärung inspirieren lässt. Auch wenn diese Mehrheit nicht einmal weiß, was Aufklärung überhaupt ist. In einem bitteren Moment des Zorns über populistische Exzesse prekär gebildeter Politiker*innen habe ich mich einmal zum essigsauren Kommentar hinreißen lassen, dass eben diese Politiker*innen die Aufklärung für einen Teil des Sexualkunde-Unterrichts und Kant für eine Wurstsorte halten.

Kants kategorischer Imperativ strahlt hell am Himmel: „Handle nur nach derjenigen Maxime, durch die du zugleich wollen kannst, dass sie ein allgemeines Gesetz werde“ und musste schon zu Lebzeiten von seinem Autor gegen die küchenphilosophische Vereinfachung „Was du nicht willst, dass man Dir tu, das füg auch keinem anderen zu“ in Schutz genommen werden: „Das kann kein allgemeines Gesetz sein, denn es enthält nicht den Grund der Pflichten gegen sich selbst, nicht der Liebespflichten gegen andere ...“

Wie schön wäre es, wenn der auf zwei lateinischen Vokabeln ruhende elementare Grundsatz der Aufklärung eine ebenso breite Alltagsrelevanz hätte: „Sapere aude!“. Habe den Mut, Dich Deines Verstandes zu bedienen.

Aus qualvoll langer Selbst-Beobachtung weiß ich, wie schwer dieser Anspruch zu erfüllen ist. In viereinhalb Jahren Psychoanalyse und – seit ich als Coach arbeite – monatlicher Supervision habe ich unter großartiger Begleitung hochprofessioneller Expert*innen gelernt, wie schwer es ist, emotionale spontane Ausschläge auf dem Befindlichkeits-Radar durch das Sieb der Vernunft laufen zu lassen. In der bewundernden Beobachtung meines geliebten Schwiegervaters habe ich für diese hohe Kunst für mich den Begriff der „Überwindung der Herz-/Hirn-Schranke“ gefunden.

Gleichzeitig weiß ich – aus der Selbst- und Fremdbeobachtung – wie unendlich wertvoll es ist, den Anschluss an die eigenen Emotionen herzustellen und es zulassen zu

können, diesen tiefsitzenden Gefühlen ihren berechtigten Platz in der zwischenmenschlichen Kommunikation zu gönnen.
Eine lange Reihe sehr kluger Menschen hat dafür die Schule der „Gewaltfreien Kommunikation" entwickelt, deren leidenschaftlicher Proponent ich bin.

Nie werde ich jene berührenden Momente vergessen, die entstanden, als bis zur Starre erhärtete Klient*innen den Zauber einer robust geerdeten Ich-Botschaft entdeckten und endlich die Gewissheit entwickeln konnten, ihre Empfindungen und Bedürfnisse zum Ausdruck bringen zu können, ohne die Empfänger*innen dieser Botschaften als eigenständige Personen zu verletzen.
Der Segen der Aufklärung erschließt sich – auf eine gerade noch akzeptable Kürze verdichtet – durch die Nutzung der Vernunft, um einen grundlegenden gedanklichen Zugang freizusetzen:
Entspricht das, was ich denke, tatsächlich einer vernünftigen Abwägung UND: zu welchen Schlüssen würde ein anderer Mensch kommen, der mit seinen Wahrnehmungs- und Analyse-Organen den gleichen Sachverhalt betrachtet? Aus dieser realen und/oder fiktiven Gegenüberstellung entsteht die grundsätzliche Bereitschaft zum Diskurs. Jürgen Habermas bezeichnet den Diskurs als „Schauplatz kommunikativer Rationalität". Ein argumentativer Dialog, in dem über die Wahrheit von Behauptungen und die Legitimität von Normen gesprochen wird. Was jeweils als

vernünftig gilt, ist die intersubjektive, von allen Teilnehmenden einer Gemeinschaft anerkannte Wahrheit.
Es ist für mich ein Leichtes, meine eigene innere Ordnung an der von Habermas zu orientieren und deshalb halte ich es im Szenario einer sich exponentiell ausdehnenden Vielfalt von Wahrnehmungen für unverzichtbar, alles zu vermeiden, was eine Polarisierung von Meinungen und Verhaltensweisen fördert. Oder – positiv formuliert: Alles zu tun, was die Suche nach Schnittmengen fördert und Verhaltensweisen unterstützt, die eine Mehrheit der Menschen als vernünftig einstufen kann.
Jeder Mensch, der auch nur ein paar Augenblicke in der Gesellschaft anderer Menschen verbracht hat, wird zustimmen, dass der Schützengraben der Polarität schneller gegraben und besiedelt wird, als die mühsame und selbstüberwindende Suche nach Gemeinsamkeiten gelingen kann.
Dieses Streben nach Erhellung, gegenseitig gesicherter Würde und nach einer Grundhaltung, die im zwischenmenschlichen Austausch nicht das Bedürfnis nach Sieg oder Niederlage sucht, sondern das Entdecken neuer Erkenntnisse (schlicht: Zuhören statt Besiegen) ist aus meiner Sicht die elementare intellektuelle und humanistische Essenz der Aufklärung und ihr anspruchsvoller Leitgedanke für ein Zusammenleben in Würde und Freiheit. Oder, wie es Kant, dem man gerne eine schwer verständliche und komplexe Sprache unterstellt, so im positivsten Sinne schlicht auf den Punkt bringt:

„Toleranz ist das liebevolle Annehmen des Anders-Seins.“
Um genau darum geht es mir.
Um eine Grundhaltung, die sich an Gerechtigkeit und nicht an Rache orientiert. Die das Wach-Sein und nicht das Wächter-Tum als Alltagsmodus hochhält. Die den Anspruch an das Ich erhebt, das eigene Handeln mit guten Absichten zu unterlegen, die möglichst vielen Mitmenschen nützlich sind. Die von der Zuversicht lebt, auch der andere Mensch handelt mit guten Absichten. Die den Verdacht zulässt, der andere Mensch könnte recht haben.
Die eine historische Wahrheit akzeptiert: Dass der menschliche Fortschritt durch Kollaboration und nicht durch Konfrontation gefördert wird – trotz des Kalenderspruchs, der Krieg wäre der Vater aller Dinge. Die jener wunderbaren Erkenntnis folgt, die nur und ausschließlich aus einer aufgeklärten Weltsicht entstehen konnte: Dass Lernen nicht das Ansammeln neuen Wissens ist, sondern die gemeinsame Entwicklung neuer Fähigkeiten bedeutet. (Peter Senge)

Kant-Essenzen – als Ermutigung mit zeitloser Gültigkeit.

Die nachfolgenden Zitate dienen mit ihrer gedanklichen Brillanz als ständige vitalisierende Stromstöße, um sich selbst vor dem Abdriften in den Treibsand der Irrelevanz zu bewahren.

„Aufklärung ist der Ausgang des Menschen aus seiner selbstverschuldeten Unmündigkeit."
„Unmündigkeit ist das Unvermögen, sich seines Verstandes ohne Leitung eines anderen zu bedienen."
„Selbstverschuldet ist diese Unmündigkeit, wenn die Ursache nicht am Mangel des Verstandes liegt."
„Der oberste Probierstein der Wahrheit ist in sich selbst (in der eigenen Vernunft) zu suchen. Denn die Aufklärung besteht in der Maxime, selbst zu denken."

Aufklärung ist eine „Revolution in dem Innern des Menschen". So gesehen liegt die gefährlichste Weichenstellung darin, sich nicht seines eigenen Verstandes zu bedienen, also in der Weigerung, diese Revolution aus eigener Kraft durchzuführen.

Quelle: The New Yorker

Und: Es gilt, drei fundamentale narzisstische Kränkungen der Menschheit – von Freud 1917 formuliert – zu überwinden.

1. Die kosmologische Verletzung durch Nikolaus Kopernikus nimmt der Erde das Privileg, Mittelpunkt des Kosmos zu sein
2. Die biologische Verletzung durch Charles Darwin, die den Menschen als nur eine, sehr späte stammesgeschichtliche Entwicklung der Lebewesen darstellt
3. Die psychologische Verletzung, mit der die Ansicht, der Mensch wäre selbst federführend an den Schalthebeln seines Tuns und Lassens, empfindlich geschwächt wird.

Diese beiden fundamentalen Brückenköpfe – der Ausgang aus der selbstverschuldeten Unmündigkeit (Kant) und die Überwindung der drei narzisstischen Kränkungen der Menschheit (Freud) – sind die übergeordneten Parameter, die mich in Phasen methodischer Unsicherheit so wohltuend an die Kraft systemischer Arbeit erinnern. Der Rekurs auf die alles entscheidende Batterie der menschlichen Gestaltungs-Kompetenz: Wenn Du möchtest, dass sich etwas bewegt, bewege Dich selbst. Verschiebe Deine eigene Figur auf dem Schachbrett des Lebens als erste und beobachte die Wirkung dieser Bewegung auf die anderen Figuren in Deinem System.

Die Kraft systemischer Arbeit

Ich weiß, wovon ich da rede.

Als ich vor 20 Jahren – verwundet und paranoid – beschloss, meine Karriere in der Werbung zu beenden und mich auf die Suche nach einer neuen Sinnstiftung begab, hat mir ein großartiger Coach, den ich zu meiner Hilfe engagierte, eine Hausaufgabe gegeben.
Ich sollte mir ein Schachbrett vorstellen und auf dieses Schachbrett meine eigene Figur mit meiner eigenen „Mission" stellen. Diese Mission war meine Entscheidung, meinen weiteren beruflichen Weg als Wirtschafts-Coach zu gestalten. Das war die fundamentale Kalibrierung meines Kompasses im Berufsleben.
Dann sollte ich – abhängig von und zugeordnet zu meinem Kompass – weitere Figuren auf das Brett stellen, die mir hilfreiche Unterstützung zuteilwerden lassen sollten. Mir war ganz schnell klar, welche Art von Figuren ich da wollte: Freunde.
Einen, an dessen Schulter ich mich anlehnen und mit dem ich im Kaffeehaus einfach unbeschwerte Stunden verbringen konnte. Einen, der mich und meine Fähigkeiten gut einschätzen konnte und als „Promotor" für mich agieren würde. Und einen, den ich als „strengen Freund" bezeichnete – mit der Aufgabe, mich in den Allerwertesten zu treten, wenn ich in meinen Ambitionen erlahmen würde.

Sie alle haben auf meine Bitte hin ihre Aufgaben übernommen und ich bin ihnen mein Leben lang dafür dankbar. All das wäre aber nicht gelungen, hätte ich den Spieß umgedreht und meine Freunde damit beauftragt, MEINEN Kompass an meiner Stelle auszurichten. Nur durch die Energie meiner eigenen Sinnstiftung konnte ich andere motivieren, mich auf meinem gewählten Weg zu begleiten. Das Systembrett, auf dem man seine eigene Situation aufstellen kann, entwickelt seine heilsame Wirkung nur durch die eiserne Regel, dass ich meine eigene Figur als erste bewegen muss, wenn ich etwas erreichen/ändern will. Es gehört zu den besonders effektiven Tools in meinem Methodenschatz.

Gruß aus der Küche:
Eine Kostprobe der aktuellen kantischen Relevanz.

Meine Betrachtungen, die gerne auch als Beitrag zu einer resoluten Diskussion verstanden werden dürfen, sollen gerade im Kant-Jahr auch dazu beitragen, den über die Zeiten immer noch zeitgemäßen und lebendigen Impuls Kants für die Bewältigung eines heute sehr anstrengenden Alltags aufzuzeigen.
Glücklicherweise haben diesen Versuch auch schon andere – Berufenere – unternommen und mir durch ihre Werke enorme Erhellung beschert. Was ich vielleicht ergänzen darf, sind Implikationen auf das berufliche Leben und die

Befüllung einer Werkzeugkiste, die im banalen alltäglichen Leben helfen soll, in Würde und Wertschätzung miteinander auszukommen. Aufgeklärt streiten, aufgeklärt führen, aufgeklärt zusammenarbeiten.

Aufklärung als Grundrauschen für die Herstellung des profanen Beweises, dass Wertschätzung die Basis für Wertschöpfung darstellt. Und dass die Reduktion dogmatischen Eifers und polemischer Verengung die nötige Atemluft bereitstellt, mit der wir alle auf- und durchatmen können, ohne uns gegenseitig zu Siegern oder Besiegten machen zu wollen.
Während die Bereitschaft und die Fähigkeit, sich aus der selbstgewählten Unmündigkeit zu befreien, laufend kleiner wird.
Während die Wissenschaftsfeindlichkeit zunimmt und die Fähigkeit der evidenzbasierten Falsifizierung immer schwächer wird.
Während sich der Diskurs als Instrument der Auseinandersetzung im Wettbewerb mit der Lautstärke verschleißt.
So kann es nicht schaden, vier Fragen zu stellen, die einer der größten Philosophen des Abendlands formuliert hat:

1. Was kann ich wissen?
2. Was soll ich tun?
3. Was darf ich hoffen?
4. Was ist der Mensch?

Diese vier Fragen sind auch dem Menschen im 21. Jahrhundert zumutbar, der seine inhaltlichen Bezugspunkte aus dem Internet und seine persönlichen Kontakte aus den „social media“ holt. Ganz besonders die Frage „Was kann ich wissen?“ stellt eine Dauer-Herausforderung dar. Als – altersgemäß – frequent user von Facebook und sporadischer Zaungast auf „X“ erlebe ich beinahe täglich die atemberaubende Absenz jeglicher faktenbasierten Evidenz und das unbekümmerte Drauflos-Schwadronieren auf der Basis gesicherten Halbwissens. Verbunden mit der blitzschnellen Verbreitung und Multiplikation auch noch so atemberaubenden Unsinns. Besonders heimtückisch die scheinheiligen Troll-Attacken, die vordergründig „bemüht“ nachfragen, woher ernsthafte Poster*innen ihre Daten beziehen, nur um diese eindeutigen Evidenzen mit Ergüssen der „YouTube-University“ zu kontern. Checkt man die Profile dieser Diskurs-Zerstörer, findet man mit besonderer Häufigkeit die „Schule des Lebens“ als Ausbildungsstätte. Ja. Eh.

Drei Beispiele:

Ein Facebook-Freund postet ein Zitat, das von Martin Luther King stammen soll:

Das simple Eintippen dieses Zitats bei Google zeigt, dass es tatsächlich von Martin Luther King stammt.

Eine Facebook-Freundin postet ein Zitat, das von Albert Einstein stammen soll:

Auch hier genügt ein schnelles Eintippen bei Google, das zeigt, dass dieses Zitat eine Abwandlung einer Formulierung ist, die 1984 von George Scialabba in einem Artikel im Harvard Magazine mit dem Titel „Mindplay" benützt worden ist: „Perhaps imagination is only intelligence having fun". (Einstein ist 1955 gestorben)

Was aktuell auf Facebook die Runde macht, ist eine von der AfD gesteuerte Polemik, in der behauptet wird, dass die Rentenbeiträge schon versteuert worden sind und deshalb die Rente und jeder Zuverdienst steuerfrei bleiben soll. Mit dem Zusatz: Wer wird sich das trauen, zu posten? Leider zu viele, die damit beweisen, dass sie Google nicht einsetzen wollen. Dort wird nach einem Klick klar, dass die Gehälter erst nach Abzug der Rentenbeiträge versteuert werden.

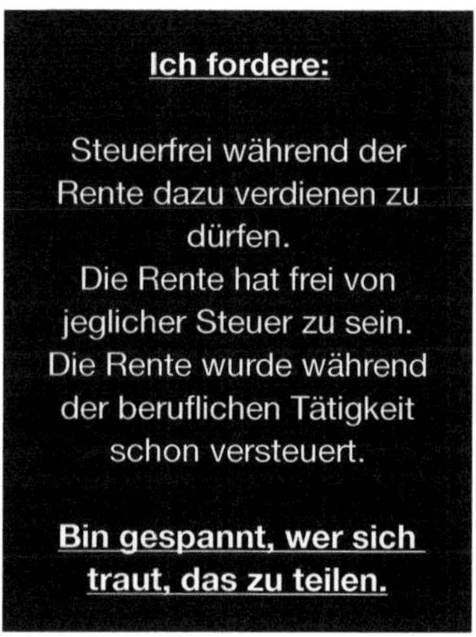

Was kann ich wissen? Fast alles.
Was soll ich tun? Einfach Googeln.
(Wenn Kant gewusst hätte, wie leicht uns das alles 300 Jahre später fallen sollte ...)
Oder auch: Das ist ein Feld, wie geschaffen für die durchaus segensreiche Wirkung der AI/KI.
„Was kann ich wissen?" gekoppelt mit „Was sollte ich wissen?" sollte wie ein Stachel im Fleisch der heutig Lebenden sitzen und zu einer dritten Frage führen:
„Wie kann ich überprüfen, was ich zu wissen glaube?"
Diese Grundeinstellung könnte schon die Basis legen für die Beantwortung der zweiten Kantischen Frage:
„Was soll ich tun?"
Von hier aus ist nicht mehr weit zu den Grundelementen von Ethik und Moral.
Ethik: Was ist gut oder böse?
Moral: Was ist richtig oder falsch?
Und schon springt uns wie aus dem Hinterhalt die ehrlich gemeinte Frage an: Und wie soll ich all das für mich klären? Ohne fahrlässige Vereinfachung und unbotmäßige Reduktion steht auch hier der kategorische Imperativ zur Verfügung: Was soll ich tun, damit mein Handeln als konkreter Ausdruck einer allgemeinen Gesetzmäßigkeit verstanden werden kann?
Was soll ich tun, damit mein Handeln als Blaupause für Menschen mit gutem Willen und guten Absichten zur Verfügung steht und der Sicherung einer allgemeinen Menschenwürde dient?

„Was darf ich hoffen?“ Aus den weisen Worten meines väterlichen und leider schon lange verstorbenen Freundes Paul Blaha ziehe ich immer noch die Kraft, mich mit dieser Frage zu beschäftigen. Er hat mich auf den essenziellen Unterschied zwischen Hoffnung und Zuversicht hingewiesen. Für viele erschließt sich dieser Unterschied bereits beim Hintereinander-Aussprechen der beiden Begriffe.
Hoffnung schwebt. Zuversicht ist geerdet. Die Verbindung von „was soll ich tun“ und „was darf ich hoffen“ – gesiebt durch den Referenzrahmen der Realisierbarkeit (praktische Zuversicht) – bringt uns der Alltagstauglichkeit unserer Ambitionen schon ein gutes Stück näher.

„Was ist der Mensch?“ katapultiert uns in ein Wertesystem, das beispielsweise in der Französischen Revolution entstanden war und aus dem Schrecken des Holocausts in die Allgemeine Erklärung der Menschenrechte der UNO mündete.
Der Mensch ist jenes Lebewesen, das bereit und in der Lage ist, sich an diesen unveräußerlichen Prinzipien zu orientieren und das anerkennt, dass die „Politik das Knie vor dem Recht beugt“ – und nicht das Gegenteil fordert. Menschsein, verstanden als das entscheidende Mehr im Unterschied zum „nur“ aufrechten Gang sollte eben bedeuten, dass wir alle darin übereinstimmen, dass zum symbolisch verstandenen aufrechten Gang – dem „Rückgrat“ – auch die Aufrechterhaltung von Würde und Gleichheit zählt.

All das ist in Gefahr und unter Druck geraten. Einerseits von Kräften, die sich der Rechthaberei und andererseits von solchen, die sich dem Terror der Intoleranz verschrieben haben. Diesen Kräften mit der alltagstauglichen Übertragung der Kantischen Maximen entgegenzutreten, ist angewandte Aufklärung und allen Menschen guten Willens zumutbar. Und natürlich kein Privileg alter weißer Männer, sondern eine Pflicht der allgemeinen Menschenliebe.
Schließlich – sapere aude! – warten drei Stufen eines allgemeinen Menschenverstandes darauf, erklommen zu werden:

1. Das Selbstdenken.
Die Selbstermächtigung, nicht jeden Scheiß unüberprüft zu übernehmen. Und – das ist mir in Anbetracht des mir unerträglichen „Privilegien-Vorwurfs" an die Aufklärung, die doch nur weißen Männer zugutegekommen sein soll, extrem wichtig – der geradezu fahrlässig ignorierte Umstand, dass Menschen in unseren Breiten selbstständig denken DÜRFEN und nicht fürchten müssen, beim nächsten freien Gedanken Freiheit und Leben verlieren zu müssen. Es ist eine unverschämte Versuchung des Schicksals, den Rahmen unserer Demokratie mit Diktatur-Verdacht zu belegen, während nur ein paar Hundert Kilometer weiter östlich ein widerlicher Meinungsterror seine hässliche Fratze erhebt. Wir dürfen und sollen selbst denken und wer das nicht als das wahre Privileg erkennt, spielt mit seiner Freiheit und dem eigenen Leben.

2. An der Stelle jedes anderen denken.
Die Empathie, sich in einen anderen Menschen einzufühlen und den Verdacht zuzulassen, es könnte alles auch ganz anders sein.

3. Jederzeit mit sich selbst einstimmig denken.
Den eigenen Referenzrahmen kennen und unermüdlich daran zu arbeiten, authentisch zu handeln.

Anders dargestellt:
Vier Antriebskräfte sind notwendig und sinnvoll.

- Die Grundausstattung des Muts, selbst zu denken
- Die Bereitschaft, die Argumente des Für und Wider gegeneinander abzuwägen
- Das allgemeine, allen Menschen gemeinsame Moralbewusstsein
- Das weltbürgerliche Denken – „weltbürgerlich“ ist bezogen auf das Ganze der Menschheit und auf die Gesamtheit aller Menschen.

Zur Auflockerung sei hier ein ganz frisches Beispiel aus meinem Alltag als Wirtschafts-Coach eingeschoben, das aus einem sehr pragmatischen Workshop mit einem ambitionierten Führungsteam stammt. Das Führungsteam hat auf mein Kant-Zitat „Handle nur nach derjenigen Maxime, durch die du zugleich wollen kannst, dass sie ein allgemeines Gesetz werde“ mit einer praxisnahen Übersetzung

reagiert: „Nachahmenswerte Führung". Mit den konkreten Ausprägungen von:
Vorleben statt Vorreden.
Positives Role-Model sein.
Darauf achten, dass das eigene Verhalten zur Blaupause für das Verhalten anderer werden kann.

Sehr viel mehr muss man über gelungene Führung nicht wissen ...

Links ≠ woke. Susan Neiman.

Ich habe überhaupt keine Bedenken, nun großzügig aus einem großartigen Buch zu zitieren, das jüngst erschienen ist und mir genauso aus der Seele spricht, wie es innerhalb kürzester Zeit von Vertreter*innen der Wokeness-Kultur scharf kritisiert worden ist. Es handelt sich um Susan Neimans Buch „Links ist nicht woke", in dem die Autorin aus genau jener Position argumentiert, der ich mich selbst so verbunden fühle: Eine linke/links-liberale politische Orientierung gekoppelt mit einer tiefen Liebe zur Aufklärung.
Es folgen nun ein paar Seiten Original-Zitat aus ihrem Werk, die so hervorragend formuliert sind, dass es ein schlimmes Versäumnis wäre, sie hier nicht darzustellen. Die Hervorhebungen im Text stammen von mir.

Susan Neiman, Zitat Anfang:
Die Vernunft hegt keine Abneigung gegen die Natur, wohl aber lehnt sie jede überkommene Autorität ab, die ihre Macht absichert, indem sie nur einer kleinen Elite das Denken gestattet. ***Vernunft als eine Frage des Mutes statt des Wissens zu definieren, war eine Weise, die Gleichheit der Menschen zu unterstreichen: Jede Bäuerin kann für sich selbst denken, so wie jede Professorin daran scheitern kann.*** *Vernunft und Freiheit sind in vielfacher Hinsicht verbunden: Wissen sollte die Menschen von Aberglauben und Vorurteilen befreien, Zweck-Mittel-Überlegungen von Armut und Furcht.*

Die Philosophen der Aufklärung waren sich vollkommen bewusst, dass die Vernunft Grenzen hat; nur waren sie nicht bereit zuzulassen, dass Kirche und Staat diese definieren.

Wir haben das Erbe ihrer Ideen so sehr verinnerlicht, dass wir kaum mehr erkennen, wie radikal sie waren, und auch nicht, wie bitter nötig wir sie immer noch haben. In einer Zeit der scharfen Zensur und des weit verbreiteten Analphabetismus war die These, jedermann habe unabhängig von seiner gesellschaftlichen Stellung das Recht, zu denken, Sprengstoff, und die Kirchenoberen nutzten ihre beträchtliche Macht aus, um sie im Keim zu ersticken. Die Mächte von heute sehen anders aus: Ökonomen verkünden, zum Neoliberalismus gebe es keine Alternative, und ziehen zur Unterstützung der angeblichen Naturgegebenheit ihrer Ideologie die Evolutionstheorie heran. Die Denker der Aufklärung hielten die Vernunft nie für unbe-

grenzt, weigerten sich jedoch, sich von irgendeiner Obrigkeit die Grenzen für das Denkbare ziehen zu lassen.

Ideale sind nicht daran messbar, wie gut sie der Wirklichkeit entsprechen, die Wirklichkeit wird danach beurteilt, wie sehr sie den Idealen gerecht wird. Genau das ist die Aufgabe der Vernunft: dafür zu sorgen, dass die Erfahrung, die wir kennen, nicht das letzte Wort behält.

Die Vernunft treibt uns an, unseren Erfahrungshorizont zu erweitern, indem sie uns Ideale anbietet, denen sich die Erfahrung unterzuordnen hat. Wenn genügend Menschen das tun, wird es so sein. Richtig verstanden ist die Vernunft eine Aufforderung: Finde für alles, was geschieht, den Grund, warum es so und nicht anders ist.

Dies hätte auch anders sein können, warum ist es dann so? ***Das Wirkliche finden wir vor, aber es bedarf der Vernunft, um sich das Mögliche vorzustellen.***
Ohne dieses Vermögen wären wir gar nicht in der Lage zu fragen, warum etwas falsch ist oder uns vorzustellen, dass es besser sein könnte. Philosophen nennen dies das Prinzip des zureichenden Grundes. Es ist so grundlegend, dass wir uns kaum vorstellen können, ohne es auszukommen und wir halten es gern für eine Selbstverständlichkeit, ***doch die Forderung, Gründe anzugeben, ist nicht weniger als die Grundlage wissenschaftlicher Forschung und sozialer Gerechtigkeit.“***
Zitat Ende

Danke für das Verständnis für diesen langen Ausritt, der mir aber ein Herzensanliegen ist, um möglichst früh in diesem Buch klarzustellen, was mich im Innersten (an) treibt und welchen Referenzrahmen ich für meine eigenen Ausführungen heranziehen möchte.

Wokeness. Oder: Die Dosis macht das Gift.

Im nun folgenden Kapitel möchte ich mich einer geistig-moralischen Bewegung widmen, die man allgemein als „Wokeness" bezeichnet und die mich nun schon ein paar Jahre regelmäßig an den Rand meiner Contenance treibt. Weil mir die Wokeness zunehmend innere Zerreißproben auferlegt. Zerreißproben, die zwischen den Polen selbstverständlicher Zustimmung wegen mir ebenso selbstverständlicher Grundorientierungen und heftiger Ablehnung wegen der aus meiner Sicht völlig aus der Balance gekippten Rigorosität eines mit puritanischem Eifer exekutierten Moralisierens und Zensurierens oszilliert.

Zunächst aber, wie es sich gehört, ein paar Begriffsbestimmungen.

Die historischen Wurzeln/Definition von „wokeness".

Der Begriff „woke" hat seine Ursprünge im afroamerikanischen Englisch und bedeutet „wach". In den 1940er und 1950er Jahren wurde er verwendet, um jemanden zu beschreiben, der sich über soziale Ungerechtigkeiten, insbesondere im Zusammenhang mit Rassenfragen, bewusst ist und sich aktiv für soziale Gerechtigkeit einsetzt. Der Begriff wurde im Laufe der Zeit weiterentwickelt und hat in den letzten Jahren eine breitere Verwendung in verschiedenen sozialen und politischen Kontexten gefunden.

In den 2010er Jahren wurde „woke" wieder populär und breitete sich in der Online-Kultur aus. Insbesondere in den Diskussionen über soziale Medien wurde „woke" verwendet, um eine Person oder eine Gruppe zu beschreiben, die sich stark für politische Korrektheit, soziale Gerechtigkeit und progressive Ideen einsetzt. Es wurde jedoch auch kritisch verwendet, um jemanden zu beschreiben, der als übermäßig ideologisch oder selbstgerecht wahrgenommen wird.

Heute wird der Begriff „woke" oft in einem breiteren Kontext verwendet, um jemanden zu beschreiben, der sich bewusst für verschiedene soziale Anliegen einsetzt, sei es in Bezug auf Geschlechtergerechtigkeit, Umweltfragen oder andere Formen sozialer Gerechtigkeit.

Aufklärung und „Wokeness" sind Denkansätze, die jeweils in verschiedenen historischen Kontexten entstanden sind. Die Aufklärung betonte die Bedeutung von Vernunft, Wissenschaft und individuellen Freiheiten. Im Gegensatz dazu ist die „Wokeness" ein moderner sozialer Aktivismus, der sich auf soziale Gerechtigkeit und die Bekämpfung von Diskriminierung und Unterdrückung konzentriert.

Einerseits förderte die Betonung der Vernunft wissenschaftlichen Fortschritt, Bildung und die Idee der Gleichheit vor dem Gesetz und leistete so einen wesentlichen Beitrag zur Entstehung demokratischer Prinzipien und Menschenrechte.

Auf der anderen Seite kann die „Wokeness“ bei allen Verdiensten in ihrer Sensibilität gegen Diskriminierung und für Gerechtigkeit durchaus auch kritisiert werden, da sie dazu tendiert, Meinungsfreiheit einzuschränken und eine Kultur der Stigmatisierung zu fördern. Einige Kritiker, zu denen auch ich mich zähle, argumentieren, dass die „Wokeness“ eine Art von moralischem Dogmatismus fördert, der den offenen Dialog behindern kann. Dies könnte potenziell die demokratischen Werte wie Meinungsfreiheit und Pluralismus gefährden.

Hier ist nun der Moment, wo ich meine bereits im Vorwort deponierte These noch einmal platzieren will: Es gibt eine fatale Schnittmenge zwischen dem Faschismus und der Wokeness. Zur näheren Erläuterung soll zunächst einmal eine Faschismus-Definition angeführt werden, die mir schon lange wegen ihrer Präzision ganz besonders imponiert. Sie stammt vom amerikanischen Politologen Robert Paxton.

„Faschismus kann definiert werden als eine Form politischen Verhaltens, das gekennzeichnet ist durch eine obsessive Beschäftigung mit Niedergang, Demütigung oder Opferrolle einer Gemeinschaft und durch kompensatorische Kulte der Einheit, Stärke und Reinheit.“ Wenn man zu dieser Definition die realen Ausprägungen der Wokeness mit der ihr eigenen Opfer-Mentalität, der Cancel-Culture und der extrem rigiden Correctness-Kultur stellt, springen einem schon ein paar sehr wesensähnliche Kriterien ins Auge, auf die ich in der Folge noch genauer eingehen werde. Ich möchte an dieser Stelle auf zumindest vier Parameter hinweisen, die Ähnlichkeiten in der praktischen Erlebbarkeit der beiden vordergründig unvereinbaren Ideologien illustrieren.

1. **Ideologischer Dogmatismus:** Sowohl im Faschismus, als auch in der „Wokeness" existiert die fatale DNA zu einem ideologischen Dogmatismus, der abweichende Meinungen oder kritische Diskussionen ablehnt. In beiden Fällen kann es zu einem geschlossenen Denksystem kommen, das alternative Perspektiven als feindlich betrachtet.
2. **Kulturelle Hegemonie:** Die „Wokeness" strebt oft nach kultureller Hegemonie mit „arrogierter Kompetenz" und versucht, bestimmte Narrative und Begriffe in der Gesellschaft zu dominieren. Ähnlich dazu verfolgten faschistische Regime eine kulturelle Uniformität, indem sie eine bestimmte Ideologie und Kultur durch Zwang durchsetzen wollten.
3. **Stigmatisierung von Abweichungen:** Sowohl der Faschismus als auch die „Wokeness" stigmatisieren Abweichungen von der ideologischen Norm. Dies kann dazu führen, dass Menschen Angst haben, ihre Meinungen offen zu äußern, aus Furcht vor sozialer Ausgrenzung oder beruflichen Konsequenzen.

In beiden Denk-Systemen ist als Folge dieser Stigmatisierungen die Meinungsfreiheit gefährdet. Dies kann durch soziale Sanktionen, Zensur oder gezielte Diskreditierung von Personen mit abweichenden Ansichten geschehen.
Diese Argumente bedeuten eben NICHT, dass „Wokeness" und Faschismus identisch sind. Es geht viel mehr darum, bestimmte Strukturähnlichkeiten in bestimmten Aspekten der Ideologie und des Verhaltens aufzuzeigen.
Wie ebenfalls schon in den Vorworten skizziert, hat die Wokeness in einer speziellen Generation, nämlich der um die Jahrtausendwende geborenen – der sogenannten „Generation Z" – eine besonders große Zahl an Anhänger*innen. Auch hier lassen sich zwischen den generationstypischen Attitudes and Behaviors und der Wokeness einige gut sichtbare Schnittmengen identifizieren.

1. **Soziale Gerechtigkeit**: Beide – „Wokeness" und die Generation Z – zeigen ein starkes Interesse an sozialer Gerechtigkeit. Die Generation Z setzt sich vermehrt für die Gleichstellung von Geschlechtern, Rassen, sexuellen Orientierungen und anderen sozialen Angelegenheiten ein, was oft mit den Prinzipien der „Wokeness" in Einklang steht.
   „Wokeness" und Generation Z setzen sich für Vielfalt und Inklusion ein. Beide streben danach, gesellschaftliche Strukturen zu überwinden, die zu Ungleichheiten führen, und setzen sich für eine Welt ein, die vielfältig und inklusiv ist.

2. **Ablehnung von Diskriminierung:** Sowohl „Wokeness" als auch die Generation Z lehnen Diskriminierung und Vorurteile ab. Beide setzen sich dafür ein, diskriminierende Praktiken zu erkennen, zu bekämpfen und zu überwinden.
3. **Aktivismus durch soziale Medien:** Die Generation Z nutzt aktiv soziale Medien, um ihre Anliegen zu teilen und für Veränderungen einzutreten. Dies steht im Einklang mit den Prinzipien der „Wokeness", die oft auf sozialen Plattformen mobilisiert und verbreitet werden.
4. **Kritik am Status Quo:** Sowohl „Wokeness" als auch Generation Z hinterfragen den Status quo und engagieren sich gegen etablierte Normen. Beide stellen traditionelle Denkmuster in Frage und suchen nach neuen, inklusiveren Ansätzen.

Selbstverständlich geht es hier ausdrücklich nicht um platte Generalisierungen, weil innerhalb der Generation Z gibt es durchaus eine breite Vielfalt von Orientierungen, ebenso wie sich eine „woke" Grundhaltung in einer Bandbreite zeigen kann, die von sehr sensiblen intellektuellen Zugängen bis zu radikalen unduldsamen Verhaltensweisen reicht. Die genannten Schnittmengen spiegeln jedoch einige gemeinsame Tendenzen und Werte wider.

Was natürlich schon gar nicht zulässig ist, ist eine verkürzte Logik, die sich in der Argumentationskette Wokeness = Faschismus = Generation Z selbst lächerlich macht.

Mir geht es fundamental um etwas ganz anderes: Mir graut

bis in die Tiefe meiner Seele vor einem Mechanismus, der dafür sorgt, dass die hochdogmatischen Wesenszüge, in denen Faschismus und Wokeness sich leider ähneln, dafür sorgen, dass sich die Anhänger*innen der Wokeness in einer manischen Correctness-Schleife verheddern, während die chronischen Simplifizierer der faschistischen Denk- und Verhaltensweise in aller Ruhe die Demokratie mit genau jenen Instrumenten fertigmachen, für die sie – die Demokratie – steht. In den USA kann man bereits mit großer Beunruhigung beobachten, wie die Polemik-Großmeister der Trump-Fraktion genüsslich die Woken auf den eigenen Bananenschalen des Tugend-Fanatismus ausrutschen lassen und lächerlich machen. Dass es beispielsweise der sogenannten „breiten Mehrheit“ oder dem sogenannten Mainstream wahrscheinlich vollkommen gleichgültig ist, ob eine Harvard-Professorin in ihrer Dissertation plagiiert hat oder nicht, spielt dabei keine Rolle. (Auch wenn das „cheating“ im amerikanischen Schulsystem immer schon eine schwere Verfehlung darstellte.) Wesentlich ist, dass es dem „right-wing“ wieder einmal gelungen ist, kritische Denker*innen, die sich möglicherweise in den Orchideen-Themen einer Minderheit verirrt haben, ihrer Ämter zu entledigen und in der Öffentlichkeit bloßzustellen.

DAS ist das Problem, das mir Sorgen, Schmerzen und auch Zorn bereitet: Die manische – bis in die unangenehmste Selbstgerechtigkeit tendierende – moralisierende Nabelschau der Woken, die sich in Ausgrenzungen und

Puritanismus versteigt, während die Massenbewegung der Dumpfen über genau diese Sensibilitäten brettert und der Demokratie und der Aufklärung den Garaus macht. Insofern machen sich beide Bewegungen schuldig: Die Wokeness, weil sie den aufklärerischen Diskurs meidet und sich in einer – auch intellektuell bedenklichen – Verengung eines schwarz/weiß-Schemas von Gut und Böse versteigt. Und die Faschisten, die – ebenfalls in Freund/Feind-Kategorien tickend – gnadenlos die Demokratie und mit ihr zuallererst die Woken meucheln, die den Feind ihrer Anliegen ausgerechnet im Universalismus der Aufklärung und nicht im Totalitarismus des Faschismus identifizieren. Eine besonders perverse Mogelpackung als missbräuchlicher Auswuchs der Wokeness lässt sich beispielsweise mit einem Blick auf den sogenannten „woke capitalism" darstellen, der genau jenen Kräften in die Hände spielt, gegen die von der dogmatischen Wokeness mit so großem Eifer agitiert wird.

„woke capitalism"

Was die praktisch angewendete „wokeness" für mich so irritierend und verstörend macht, ist eine unglückliche Verschraubung von Haltungen und Verhaltensweisen, die jeweils aus besten Absichten und Motiven kommend in reale konkrete Erscheinungsformen von Autoritarismus, Intoleranz, Ungerechtigkeit und sogar Etikettenschwindel

münden, die an das Märchen von „Des Kaisers neue Kleider" erinnern, wo ein Kind angesichts des Kaisers, der – nachdem ihm alle für seine angeblich neuen Kleider gehuldigt haben – nackt in seinem Prunkwagen durch die Straßen paradiert, ausruft: „Aber der Kaiser ist ja nackt!"
Eine besonders elende und zynische Erscheinungsform ist der „woke capitalism", in dem Grundprinzipen der Wokeness aus reiner Gewinnorientierung in ihr glattes Gegenteil gekehrt werden. Konzerne wie Amazon oder Apple inszenieren auf plastische Art Demonstrationen von Gender-Sensibilität und Diversität. Gleichzeitig ist es nach wie vor besonders schwer, bei Amazon Gewerkschaften zu gründen. Oder: Bei Apple gehen laute Entrüstungs-Kundgebungen gegen die Intoleranz gegenüber gleichgeschlechtlichen Eheschließungen Hand in Hand mit dem Zugeständnis, die User-Daten chinesischer Kunden nicht mehr auf Servern in den USA, sondern in China zu speichern. Die Auswirkungen dieses Appeasements auf chinesische User*innen sind in den schlimmsten Albträumen nicht vorstellbar.

„Pinkwashing" für Diversität, „Greenwashing" für Umweltanliegen und Gender-Sternchen kosten wenig oder gar nichts und lassen sich mit wenigen Handgriffen zeitnah umsetzen. Die Schließung des Gender-Pay-Gaps kostet – im Vergleich zur bisherigen Praxis der Ungerechtigkeit – viel und darf gerne weiter warten. (Nach aktuellen Berechnungen würde es 131 Jahre dauern, bis – bei Beibe-

haltung des bisherigen „Tempos" – der Gender-Pay-Gap geschlossen wäre.)
Wahrscheinlich war es in der mehr als 200-jährigen Geschichte des modernen Kapitalismus noch nie so einfach, ein progressives Selbstbild mit unnachsichtiger Gewinnmaximierung zu verbinden.
Die neoliberale Ausbeutungsmaschinerie brummt unbekümmert weiter, während moralbestäubte Produkte und Dienstleistungen den Konsument*innen eine heile Welt vorgaukeln, die von der (Selbst-)Ausbeutung prekär Beschäftigter am Laufen gehalten wird. Es tut weh, beobachten zu müssen, wie sich links-liberale Kräfte aufsplitten und marginalisiert werden, weil sich ein Teil für die sprachliche Diversität ins Zeug legt und ein anderer Teil für soziale Gerechtigkeit. Auch wenn die Erkenntnis, dass „Sprache Bewusstsein schafft", selbstverständlich richtig ist, so taugt sie weder als strategisches, noch als taktisches Tool für die Bewältigung aktueller Bedrohungen von Gleichheit und Gerechtigkeit.
Denn eine gendersensible Sprache in der Werbung und ein diverses Image sind deutlich kostengünstiger zu haben als faire Arbeitsbedingungen im Ausland oder der Mut, einem autoritären Regime die Stirn zu bieten.

Es mag auch (!) mit der Unterschiedlichkeit der Geschlechter zusammenhängen, dass mir die reale ökonomische Gleichstellung von Frauen und Männern ein so elementar wichtiges Anliegen ist. Diese Zeilen stammen aus einer Beobachtung im September 2023 als der „Equal Pension Day“ eine tiefe Schneise in die österreichische Wirklichkeit schlug. Statistisch betrachtet werden österreichische Männer von September bis Dezember eine Pension beziehen, während die in Rente befindlichen Frauen leer ausgehen.

Und gleichzeitig berichten die Medien von einem in Norddeutschland gecancelten Konzert, bei dem ein deutscher Musiker ein Didgeridoo spielen wollte und die Veranstalter dieses Konzert wegen kultureller Aneignung absagten. Nun werden mir so manche Polemik vorwerfen und ich werde diesen Vorwurf ertragen. Wirklich unerträglich ist für mich die Verschiebung der gesellschaftlichen Prioritäten, wenn Frauen weiterhin in die Armutsfalle plumpsen, während eine angemaßte stellvertretende Beleidigtheit für eine Minderheit ganz nahe an jene kulturelle Aneignung rückt, die sie bekämpfen will.
Diese selbstlähmende Fragmentierung gesellschaftlicher Anliegen, diese Selbstverstümmelung von Ressourcen und Kräften nimmt den großen alltagsbezogenen und wörtlich überlebenswichtigen Anliegen den Wind aus den Segeln und blockiert die so wichtigen Allianzen mit den durchaus unterstützungswilligen Gruppen, die mit einer qualvollen Correctness-Blockwarterei verfolgt werden.
Hier ist nun auch der notwendig-wichtige Moment, um mich vor dem Applaus von der falschen Seite mit aller Kraft abzugrenzen.

Der von mir mit tiefer persönlicher Ablehnung eingeschätzte ehemalige österreichische Bundeskanzler Sebastian Kurz hat im Zuge einer (Litigation) PR-Kampagne in den Boulevard-Medien sein Unverständnis gegenüber der grassierenden Wokeness kundgetan. Ganz besonders irritiert äußerte er sich über die von der UNO deklarierten Dutzenden Optionen, die eigene Geschlechtsidentität zu bezeichnen.

Damit zielt er direkt auf die von ihm bevorzugte Klientel der rechts-konservativen klerikalen Bevölkerungsgruppen. Und mir wird unbehaglich, weil ich aus der Position der Aufklärung – die dem Ex-Kanzler inhaltlich völlig fremd ist – dem Universalismus das Wort rede und tief besorgt bin über die widerwärtige Maßlosigkeit der Identitäts-Politik.

Woke Kommunikation.

Die frappante Ähnlichkeit zwischen dem rechten Freund/Feind-Denken und dem woken Tribalismus der Identitätspolitik ist für mich eine der erschreckendsten Facetten der Entwicklung öffentlicher und privater Kommunikation überhaupt.

Die Schnittmenge: Beide Betreiber ihrer jeweiligen Ideologie agieren aus der realen Position einer Minderheit, propagieren aber den Anspruch einer vermeintlichen Mehrheit. Der Unterschied: Die realfaschistischen Aktivitäten des Rechts-Populismus sind in der Technik der

kommunikativen Manipulation erheblich ausgereifter und bedienen sich banal-professioneller Instrumente, um damit Breitenwirkung zuerst vorzutäuschen und dann vielleicht sogar zu erzielen.
Während die „Sprachpolizei“ der Wokeness unübersehbar sowohl die Ansprüche einer Minderheit transportiert, als auch an den einer Breitenwirkung hinderlichen Komplikationen laboriert. Die Ironie bei diesem Mechanismus:
Die Anliegen der identitätspolitischen Tribalisten werden von jenen Meinungsmachern unterstützt, die sich den Idealen der Aufklärung verpflichtet fühlen und damit auch den Verdacht, die „anderen“ könnten recht haben, mit genau jener eigenartig dimensionierten Toleranz nähren, die direkt in die Kassen der Faschisten einzahlt.
So wohnen Faschisten und Tribalisten in der gleichen Schnittmenge kommunikativer Ansprüche. Mit dem unausweichlichen Effekt, dass die Tribalisten mit größter Wahrscheinlichkeit ihr Match verlieren werden und von den Faschisten aus der Schnittmenge in die Verbotszone geworfen werden. Und die irregeleitete Toleranz-Fraktion der noch Mächtigen erleidet das gleiche Schicksal wie der Frosch, der sich überreden lässt, den Skorpion auf seinem Rücken über den Fluss zu transportieren und dann doch mitten im Fluss vom Skorpion gegen alle ursprünglichen Beteuerungen tödlich gestochen wird – weil der Skorpion halt nicht anders kann.
Das Ignorieren des Popperschen Toleranz-Paradoxons – dass nämlich das Ende der Toleranz gegenüber der Intole-

ranz markiert ist und die offene Gesellschaft sich legitimerweise gegen die Intoleranz wehren muss – führt zu einem Scheingefecht zwischen Tribalisten und Faschisten und täuscht eine „false balance" vor, die den Repräsentant*innen zweier Minderheiten allgemeine Gültigkeit zugesteht. So werden die über Jahrhunderte gepflegten und gehegten Fundamente der Aufklärung ausgewaschen und unterminiert.

Immer vehementer werden die großen zivilisatorischen Leistungen der Aufklärung angegriffen. Es ist zunehmend vorbei mit der Prüfung von Argumenten auf ihren rationalen Gehalt. Kränkungs-Potenzial einerseits und „Flood the zone with shit" andererseits (oder auch die österreichische Variante des „strategisch notwendigen Unsinns"/SNU) werden zu elektrisch geladenen Zäunen der Irrationalität, die den notwendigen aufgeklärten Diskurs vom Austausch von Fakten abschirmen.
Es ist zunehmend vorbei mit der wechselweise sicherheitsstiftenden Zusage des Siegs des besseren Arguments und vor allem mit einem Ur-Prinzip der Aufklärung:
Dass der Wert eines Arguments von seinem Urheber abgekoppelt wird und ausschließlich an seinem rationalen Gehalt bemessen wird. Der Inhalt einer Aussage wird rational überprüft und nicht an der Position des/r Absender*in bemessen.
Wie alle Menschen, die seit der Aufklärung gelebt haben, aus eigener Erfahrung bestätigen können, ist die Umset-

zung dieses Anspruchs häufig an der Unfähigkeit der Akteur*innen gescheitert. Und trotzdem möchte ich – und ich weiß mich hier eines Sinnes mit einigen anderen Personen in meiner Nähe – auf der Relevanz dieses Anspruchs beharren.
Denn das Gegenteil – nämlich das Heranziehen der Position/Stammeszugehörigkeit der Kommunikator*innen als Maßstab der Relevanz – jagt mir als allgemein gültiges Kriterium Angst und Schrecken ein.

Die einzelne Person nicht als einzelnes Individuum, sondern als Repräsentant*in einer Gruppe, deren Identität sie verkörpert, suggeriert zwar den Bedeutungsgewinn von vielen, lässt aber das „Ticket" einer tatsächlichen Repräsentanz vermissen.
All das potenziert durch die Opfer-Etikettierung der Zugehörigkeit zu einer (historisch und/oder aktuell) benachteiligten Minderheit, die quasi „automatisch" mehr Ansprüche auf Legitimität erheben darf, als die vermeintlichen „Täter".
Der ganz alltägliche Medienkonsum in unseren Breitengraden zeigt, wie sehr sich diese Um-Gewichtung und Erosion des rationalen Diskurses schon durchgesetzt hat. Die tatsächlich fragwürdig umsetzbare „Neutralität" von Journalist*innen (dieses Axiom stand schon während meines Publizistik-Studiums in den 70er-Jahren unter Verdacht der Unmöglichkeit) wird nun endgültig ersetzt durch die falsche Balance jeglicher Kommunikation und – im Zweifel – durch die Parteinahme für die Seite der Opfer

nicht ausreichend repräsentierter Minderheiten.
Rationaler Diskurs wird als Herrschaftsinstrument „alter weißer Männer“ diskreditiert.
Unparteilichkeit wird als Affront gegenüber den Opfer-Gruppen eingestuft.

Wokes Konflikt-Management.

In den grauenhaften Zeiten, in denen faktisch vor unserer europäischen Haustür bestialisch gemordet und gebrandschatzt wird und Menschen wie ich sich reflexartig nichts sehnlicher wünschen, als dass der Aggressor nachhaltig in die Schranken gewiesen wird, steht ein Grundsatz auf dem Prüfstand, der einem aufgeklärten Konflikt-Manager heilig ist: Dass gelungenes Konflikt-Management <u>nicht</u> in der Herstellung von Siegern und Besiegten besteht, sondern in der Handlungsfähigkeit aller Beteiligten am Ende der Auseinandersetzung. Eines der wunderbarsten Zitate zur Unterstützung dieses Maßstabs stammt von Frederik Willem de Klerk, dem letzten weißen Präsidenten Südafrikas, der gemeinsam mit Nelson Mandela für die Abschaffung des Apartheid-Systems 1993 mit dem Friedensnobelpreis ausgezeichnet wurde:
„Am Anfang stand bei uns die Einsicht, dass es keinen Sieger geben wird. Und dass es von beiden Konfliktparteien Initiativen geben muss, um Voraussetzungen für ernsthafte Verhandlungen zu schaffen.“

Das ist nun schon über 30 Jahre her und seit 20 Jahren propagiere ich diese Geisteshaltung (die mir unbewusst immer schon wichtig war) auf professioneller Ebene in meinen Konflikt-Management- und Führungs-Seminaren. Und es blutet mir das Herz, wenn ich beobachten muss, wie einerseits das physische Faustrecht nur 400 km östlich von Wien regiert und gleichzeitig allen Ernstes den Angegriffenen empfohlen wird, sich zu ergeben, um dem Morden und Vergewaltigen ein Ende zu setzen. Das ist das glatte Gegenteil der Handlungsfähigkeit aller Beteiligten, die doch auch darin bestehen könnte, dem Angreifer die Möglichkeit zu bieten, sich ohne Gesichtsverlust zurückzuziehen.

Es war und ist mir wichtig, diese „Notiz" allen Anmerkungen zum Konflikt-Management voranzustellen, weil ich mich selbst davor schützen muss, aus einer realitätsfernen Wolke der Betulichkeit nutzlose „Weisheiten" abzusondern, die den an Leib und Leben Bedrohten wie eine akademische Provokation erscheinen müssen.
Bewegen wir uns auf jenes Feld, wo zumeist keine physische Gewalt angewendet wird, aber doch mit einer Unerbittlichkeit gestritten wird, die tatsächlich bis in die Lebensgefahr für das demokratische System münden kann.
Wenn sich Diskursteilnehmende in der Auseinandersetzung mit Andersdenkenden grundsätzlich in der Opferidentität bewegen, entfällt die gemeinsame Basis für die

wechselweise Bewertung der Argumente und „automatisch“ werden der jeweils anderen Seite böse Absichten unterstellt. Aus meiner beruflichen Praxis verfüge ich über hunderte Beispiele, die belegen, dass allein die Grundannahme, der andere Mensch würde zumindest über gute Absichten verfügen, die Basis für die Beweglichkeit der eigenen Position legt. Fehlt diese Grundannahme – egal, ob sie nun tatsächlich oder nur angenommen nicht existiert – kippt jegliche Auseinandersetzung in Freund-/Feind-Schemata und mündet in unversöhnliche verfeindete Lager. Ein plastisches Beispiel liefern seit nunmehr mindestens 20 Jahren die USA, wo Republikaner und Demokraten außerhalb pathetischer Patriotismus-Rituale zu keiner gemeinsamen Perspektive finden können.
Wir haben aber auch in unserem eigenen politischen Biotop während und auch nach der Corona-Pandemie erleben müssen, wie die Unversöhnlichkeit von Standpunkten und Verhaltensweisen in eine bis jetzt nicht verheilte Zerrissenheit der Gesellschaft geführt hat.

Wenn der Diskurs in den Generalverdacht mündet, dass alles, was der andere Mensch sagt oder tut, automatisch falsch ist, erlaubt dieser mentale Bunker keine Bewegung auf den wahrgenommenen Feind zu.

Man kann die Effekte dieser Punzierungen gut beobachten, wenn man nachforscht, wie tatsächlich wirksame Maßnahmen zur Integration von Migrant*innen über Jahrzehnte unterblieben, während die Faschisten die Anwesenheit der „Fremden“ zu ekelhaften rassistischen Untergriffen nützten. „Die Faschisten dürfen nicht recht haben und deshalb ignorieren wir lieber das Thema als Ganzes“ war über viele Jahre das Leitmotiv der Regierenden, das uns nun eine fanatische Unversöhnlichkeit im politischen System eingebrockt hat.

Dieses „Einbunkern“ hat zu einer Verarmung der Differenzierungskraft in der gesamtgesellschaftlichen Auseinandersetzung geführt. Der Schaden reicht bis tief hinein in eine monokausale Argumentation, in der alles, was subjektiv als falsch empfunden wird, auf eine einzige Ursache zurückgeführt wird.

Themen wie Rassismus, Klimawandel, Diskriminierung u.v.a. werden jeweils zu alles erklärenden Übeln hochgefahren und alle „anderen“ Faktoren radikal ausgeblendet.

Die vorgeschlagenen Gegenmaßnahmen sind in ihrer Radikalität so autoritär, dass sie nur noch mit Mühe als Teil einer demokratischen politischen Kultur wahrgenommen werden können. „Dann muss man die Menschen eben zu ihrem Glück zwingen“ hat ein mir sehr nahestehender Mensch einmal in einer Diskussion über Umweltschutz gesagt und mich damit zutiefst erschreckt. Inzwischen hat er zu einer sehr respektvollen Grundhaltung zurückgefunden ...

Die Versuchung, über Zwangsmaßnahmen das „Richtige“ durchzusetzen, ist bei Faschisten wie bei „Tugendwächtern“ gleichermaßen verbreitet.

Die einen verfrachten nach Mitternacht Kinder von Asylwerbern unter Polizeihundegebell in Bussen zum Flughafen.
Die anderen praktizieren eine Moral-Quarantäne, die mittlerweile amerikanische Universitätsprofessoren die Lehrbefugnis kostet, weil sie – mit Trigger-Warnung! – einen historischen Text zitieren, in dem das „N-Wort" vorkommt. Wenn die eigene Radikalität irreversible Schäden in den Biografien anderer Menschen anrichtet und diese Übergriffe gesellschaftlich geduldet werden, stehen die Humanität und die Aufklärung am Rand ihrer Existenzen.

Ich habe selbst bei vielen beruflichen Gelegenheiten erlebt, wie eine gnadenlose zuerst nonverbale sprachpolizeiliche Zensur in Gruppendiskussionen jene noch
unerfahrenen Teilnehmenden zunächst latent verunsicherte, bis ein verbaler Baseballschläger ausgerechnet die als „unachtsam" Gebrandmarkten zu „mehr Toleranz" aufrief.
Dieser Doppel-Standard – eigenes Glaskinn und Brutalität gegenüber „anderen" – etabliert zunehmend eine ideologische Dimension, deren hermetisches Weltbild keine Abweichungen zulässt. Die Bedürfnisse, Ansprüche, Regelwerke von Identitätsgruppen werden als allgemein gültige Standards verlangt und etablieren so ein System von Einordnungen, in dem es nur noch „Gut" und „Böse" gibt. Die besondere Heimtücke dieser Denkweise ist die Etikettierung in Opfer-Kategorien – entweder im Selbst- oder im

Fremdbild – die fast unweigerlich zu einer Einschätzung der Entwertung führt. Die arrogierte Kompetenz, mit der die Lebenssituationen von Minderheiten als unterdrückt kategorisiert werden – meist ohne Abstimmung mit den real Betroffenen – gehört zu den besonders subtilen Formen fehlgeleiteter kultureller Aneignung, deren Projektion in die Abwertung der vermeintlich Schutzbedürftigen mündet. Denn diese „Protestlogik“ spricht de facto den Projektionsflächen der eigenen Moral die Handlungsfähigkeit und Selbstbestimmung ab.

„Weiße Privilegien“.

Als Boomer darf ich mich durch die Gnade der früheren Geburt einer gewissen Lebenserfahrung erfreuen, die – Achtung! Weißes Privileg! – von einer materiell durchwegs immer gut situierten Lebensweise und von Vergnügungen gepolstert ist, die man heute wohl mehrheitlich als politisch unkorrekt bezeichnen würde. In meiner Jugend standen wir noch ein paar Jahre vor dem weltweiten Ausbruch von AIDS, wir glaubten ernsthaft an die Möglichkeit, dass „alles“ ständig „besser“ werden würde und hatten über weite Strecken einfach Spaß.

Im Jahr 1973 holte uns (= meine Eltern und auch mich und meine Altersgenoss*innen) der Ölschock aus unseren Phantasien und drei, vier Krisen später habe ich aufgehört,

die zyklischen Krisen des Kapitalismus mitzuzählen.
1979 habe ich gemeinsam mit einer knappen Mehrheit in der österreichischen Bevölkerung gegen die Inbetriebnahme des Kernkraftwerks Zwentendorf gestimmt. Und gleichzeitig hatte ich ab Mitte der 90er-Jahre bis ins Jahr 2013 ausnahmslos benzinsaufende SUVs, mit denen ich bei den jeweils ersten Ausfahrten für respektvolles Staunen bei meinen auf der Rückbank sitzenden Kindern sorgte.
Ja, dieses Staunen war tatsächlich ein bisschen ehrfürchtig und definitiv hat es meinen Kindern nicht wegen der unübersehbaren Ressourcenverschwendung und Klimagefährdung die Rede verschlagen.
Heute würden wir uns ganz sicher zu viert deswegen an den Kopf greifen. (Mein letztes eigenes Auto war ein VW Up, der wohl in den Kofferraum des vorherigen Dodge Nitro gepasst hätte und ich bin sicher, sogar dieses kleine sparsame umweltfreundliche Fahrzeug war definitiv eines zu viel. Seit 2018 besitze ich kein Auto mehr.)
Wenn ich heute zu meinen Kunden nach Deutschland reise, dann nehme ich bis Frankfurt jedenfalls den Zug und nur nach Hamburg reise ich im Flugzeug, weil der Nachtzug meinem lädierten Rücken nicht guttut.
Meine Sünden gegenüber der Umwelt oder auch gegenüber einer nicht gegenderten Sprache sind mir durchaus peinlich. Als (schwachen) mildernden Umstand kann ich nur den in der gesellschaftlichen Breite damals noch nicht so präsenten allgemeinen Konsens bzw. Usus und meine eigenen Achtsamkeits-Lücken anführen.

Was ich mir aber heute nicht gefallen lasse, sind die Generalisierungen und Pauschal-Verdächtigungen, die mir und meiner Generation an den Kopf geworfen werden. Von Leuten, die das Privileg hatten, einerseits achtsamer erzogen worden zu sein und andererseits die Last schultern müssen, die ihnen ein unachtsames System über Jahrzehnte aufgebürdet hat.

Immerhin: Wenn meine beiden erwachsenen Töchter mir sagen, dass ihr Feminismus auch auf mich und meine Erziehung zurückzuführen ist, dann ist das nicht meiner chauvinistischen Schreckensherrschaft geschuldet, sondern meinen ausdauernden Bemühungen, meinen Töchtern Selbstwert und Selbstbewusstsein als weibliches Grundrauschen zu vermitteln.

Was mich sowohl persönlich, als auch professionell wütend macht, sind die Schablonen, in die meine Generation gepresst wird und eine fundamentale Verwechslung von Attributen und Kausalitäten.

Es geht um den essenziellen Unterschied zwischen Privileg und Unterdrückung. Nach wie vor gibt es Milliarden von Menschen – darunter mehrheitlich Frauen – denen die grundlegenden Menschenrechte vorenthalten werden. Diese Menschen werden von reaktionären, archaischen Männer-Regimen ungebildet und unfrei gehalten. Das ist Unterdrückung, gegen die Leute wie ich ankämpfen, wo immer es geht. Dass wir in der „Ersten Welt" diese barbarischen Systeme nicht haben, ist kein Privileg, sondern ein

Ergebnis. Das Ergebnis von Jahrhunderten, in denen die Aufklärung – auch unter Einsatz des Lebens ihrer Proponent*innen – für den Mut kämpfte, sich des eigenen Verstandes zu bedienen bzw. bedienen zu dürfen. Unabhängig von Geschlecht, Klasse, Hautfarbe oder Religion.

Wenn nun angebliche weiße Privilegien mit den Errungenschaften der Aufklärung gleichgesetzt werden, wird eine der tragenden Säulen des vernunftbegabten Umgangs miteinander mit einem rassistischen Unterton übel beleumundet. So wird mit dem Vorwurf des Rassismus eine der wichtigsten Errungenschaften des Humanismus angeklagt und damit eine gesellschaftliche Entwicklungsstufe, die Milliarden von Menschen auch heute noch immer nicht vollständig zur Verfügung steht. Dagegen anzugehen muss ein links-liberales Anliegen sein, damit uns der unübersehbare globale Systemwandel in Richtung Autokratie und Repression nicht aus dem Wolkenkuckucksheim räucherstäblicher Scheingefechte wirft.

Konflikt-Management/"Aufgeklärt streiten".

Ich starte bewusst mit diesem Themenbereich, weil sich hier ein paar meiner Mantren verdichten, deren Existenzberechtigungen im wahrsten Sinn des Wortes „unter Beschuss" geraten sind.

So gut wie alles, was ich zum Thema Konflikt-Management zu sagen habe, ist das Ergebnis umfangreicher Lektüre der einschlägigen Fachliteratur und – für mich noch erheblich relevanter – aus buchstäblich tausenden selbst erlebten Beobachtungen in meiner Arbeit als Coach. Ganz selten bilden Theorie und ganz alltägliche Praxis einen so dichten Schulterschluss.
Gehen wir am einfachsten gleich einmal in die Mitte des Themas hinein und arbeiten uns dann aus dem Zentrum durch die benachbarten inhaltlichen Schichten.

Der Konflikt-Begriff stammt aus dem lateinischen „confligere“ (=zusammenprallen).
Und was passiert bei einem Konflikt? Zwei oder mehrere Ziele oder Absichten, die verschieden sind, aber gleichzeitig verwirklicht werden wollen, prallen aufeinander.
So etwas passiert sehr viel häufiger, als es einem bewusst ist und ist sehr viel banaler, als man es sich möglicherweise eingestehen möchte.
Wohin fahren wir im Urlaub – in den Süden oder ans Nordkap? Welches Auto kaufen wir – Cabrio oder Kombi? Kaufen wir überhaupt noch ein Auto? Soll ich der nervigen Kolleg*in endlich einmal die Meinung sagen oder einmal noch meinen Frust runterschlucken? Das ist nur eine kleine Auswahl von Alltags-Geschichten und der Bogen könnte noch viel weiter gespannt werden. Wir alle haben – ohne dass wir dafür jedes Mal die passenden Bezeichnungen zur Hand hätten – mit Konflikten zu tun.

Rollen-Konflikte: Wie lege ich meine Rolle als Führungskraft an, wenn ich aus der Mitte meines bisherigen Teams in die Teamleitung aufsteige? Interessens-Konflikte: Wie kann ich meine persönlichen Absichten deutlich machen, wenn ich damit riskieren muss, eine gute Beziehung zu belasten? Ziel-Konflikte: Was mache ich, wenn ich bei einem Projekt ein ganz anderes Ziel ansteuern will, als meine wertvollste Kolleg*in? Ressourcen-Konflikte: Wie schaffe ich es, genug Ressourcen für meine Aufgabe zur Verfügung gestellt zu bekommen, wenn ich weiß, dass das andere Team deswegen zu kurz kommen wird?

Und all das noch weiter aufgedröselt in die Kategorien „Innerer Konflikt" (Auseinandersetzungen, die ich mit mir selbst führen muss) und „Soziale Konflikte" (Auseinandersetzungen, die ich mit anderen Menschen führen muss).

Worum es auch immer gehen mag: Jedes einzelne Mal muss ich mich fragen, was mein eigenes Ziel ist, das ich erreichen will. Erreichen. Nicht vermeiden. Denn ohne dieses eigene Ziel bleibt mir nur, mich darauf zurückziehen zu müssen, wie ich mit dem Ziel der anderen Person zurechtkommen kann.

Der Unterschied zwischen Vermeidungs-Ziel und Erreichungs-Ziel ist schnell erklärt: Fremdbestimmung vs. Selbstbestimmung. Opfer-Gefühl vs. Gestaltungs-Chance. Flucht vs. Reise. Tränen vs. Schweiß.

Wir werden uns mit dem Thema „Ziel" noch ein paar Seiten später ausführlich beschäftigen. In diesem Moment möchte ich den Fokus auf eine jener Fragen lenken, deren

Beantwortung genau jenes Mantra, das seit dem 24. Februar 2022 tatsächlich physisch unter Beschuss steht, auf den Prüfstand stellt:

Was ist das Ziel gelungenen Konflikt-Managements?
Bis zum 24. Februar 2022 und erst recht immer noch an all den Tagen danach galt für mich unverrückbar die in allen relevanten Fachmeinungen dominierende Ansicht: Das Ziel gelungenen Konflikt-Managements ist nicht Sieg oder Niederlage, sondern die Herstellung der Handlungsfähigkeit aller Beteiligten am Ende der Auseinandersetzung.
Und nun sind Menschen wie ich verzweifelt, weil eine der Grundregeln des Konflikt-Managements völlig außer Kraft zu sein scheint: Wer mit der Aggression begonnen hat, muss auch als erster wieder damit aufhören. Das Drama mäandert aber in viele verschiedene Richtungen aus: Denn es wird – trotz erdrückender Faktenlage – in Zweifel gezogen, wer überhaupt angefangen hat.
Das erklärte Kriegsziel des Angreifers macht ein Ende der Verteidigung des Angegriffenen zum planmäßigen Selbstmord des Verteidigers. Die Handlungsfähigkeit aller Beteiligten am Ende der Auseinandersetzung ist in einem solchen Szenario schlicht nicht erzielbar, weil der Aggressor auf die Ausschaltung des Verteidigers abzielt und seine „Gesichtswahrung“ nur bei einem absoluten Sieg für ihn möglich ist. Und dass ZUERST die Kampfhandlungen beendet werden und DANACH verhandelt wird, scheint überhaupt zum Trugbild pazifistischer Fantasie verkommen zu sein.

Für jemanden, der Anfang der 1980er bei den Friedensdemonstrationen mitgegangen ist und die kleine Tochter seines besten Freundes am Arm hatte, ein zutiefst verstörendes Erlebnis. Ja. Boomer eben.

Ich will mich diesen Irritationen nicht beugen. Weil immer noch der allergrößte Teil unserer Konflikte ohne Waffengewalt ausgetragen wird und gleichzeitig in zunehmendem Maß sogar absolut bewährte Tools der „Gewaltfreien Kommunikation" infrage gestellt werden. Und die lasse ich mir nicht ausreden.
Wenn jemand meint, das Zum-Ausdruck-Bringen des eigenen Gemütszustands könnte jemanden anderen unter Druck setzen, kann ich einfach nicht mehr mit.
Eine simple, gut formulierte, sich innerhalb der Grenzen des kommunizierenden Menschen bewegende „Ich-Botschaft" muss es einfach geben können. Sonst verkommen wir alle zu seelisch verstopften Einsiedlern, die glauben, nur durch Unterdrückung der eigenen Verfasstheit den sozialen Kontakt bewältigen zu können. Diese Methode hat sich spätestens seit Freud als höchst gefährlicher Rohrkrepierer erwiesen.

Beispiel gefällig?
Meine wunderbare Frau hat im Nachwort eines ihrer Bücher geschrieben, dass sie – trotz fiktiver Erzählung – beim Schreiben eines ganz speziellen Teils ihrer Geschichte weinen musste. Und das Lektorat meinte, das sollte wohl

eher nicht so formuliert werden, weil es vielleicht einen Teil der Leser*innen unter Druck setzen könnte, selbst auch zu weinen. Mit Verlaub, da habe ich mich gefragt: Ja – und? Wenn selbst die Autorin vom Verlauf ihrer Geschichte gerührt ist, dann darf es wohl auch zu rührenden Kollateral-Effekten in der Leserschaft kommen. Nun habe ich mich auf eine recht hohe Betriebstemperatur geschrieben und möchte zur fachlichen „Kühlung" das Prinzip der „Ich-Botschaft" beschreiben.

Die „Ich-Botschaft".

Dieses wunderbare Tool stammt aus der ebenso wunderbaren Welt der „Gewaltfreien Kommunikation" und ich möchte ihm ein Leuchtfeuer entzünden.
Weil ich aus unendlich vielen selbst erlebten und als Coach initiierten Beispielen einfach weiß, wie gut es funktioniert. Auch wenn es mittlerweile durchaus Menschen gibt, die meinen, sogar der „Ich-Botschaft" ihre vermeintliche Schärfe nehmen zu müssen, weil – ein fast schon reflexartiger Einwurf – eine punktgenau formulierte Ich-Botschaft entweder wie eine emotionale Erpressung des Gegenübers funktioniert oder die Absender*innen in Wahrheit verwundbar macht. Im Gegenteil: Ich glaube zutiefst an die geradezu heilsame Wirkung einer Botschaft, die ganz bei der Sender*in bleibt und aus den Tiefen der ehrlich empfundenen Emotion kommt.

Die wohl giftigste Botschaft in der zwischenmenschlichen Kommunikation ist die „Du-Botschaft". Die meisten von uns haben sie unbewusst als Werkzeug in uns abgespeichert und in den ordinären Alltag hineingetragen. Es ist ja auch sehr verführerisch und außerdem schnell von den Lippen geschossen, wenn man so einfach einmal dem anderen Menschen vorhalten kann, was man von ihm/ihr hält und was dieser Mensch für Schrecklichkeiten aufführt, die einem das Leben schwer machen. Da genügt ein kleiner Anlass und schon eskaliert die Schraube der verbalen Verletzungen munter vor sich hin. Eine der wohl am häufigsten ausgesprochenen Du-Botschaften ist „Du verstehst mich nicht!". Diese Nachricht lässt eine verbale Bombe direkt auf dem Feld der Empfänger*in detonieren und richtet dort enormen Schaden an.
Denn was ist die Netto-Botschaft von „Du verstehst mich nicht" bei der Empfänger*in? Ein schlichtes „Du bist (zu) blöd, zu begreifen, was ich Dir sagen will."
Zu Hunderten türmen sich die beobachteten Verwüstungs-Einsätze von „Du verstehst mich nicht" auf dem Stapel meiner Erlebnisse als Coach und die Menge dieser verbalen Fehlgriffe macht ihren Einsatz nicht akzeptabler.

Wie funktioniert denn nun das Wunderwerk einer Ich-Botschaft?
Tatsächlich sehr einfach. Ich werfe dem anderen Menschen nicht vor, was er/sie <u>tut</u>, sondern ich beschreibe, wie das, was der andere Mensch tut, auf mich <u>wirkt</u>.

Auf diese Weise kann ich ohne die Gefahr einer Verletzung des/der Empfänger*in klarstellen, worum es mir geht und muss mich nicht fürchten, irreversible Schäden im Zwischenmenschlichen hervorzurufen.
Um das zu können, halte ich virtuell ein Mikrofon auf meinen Bauch und sende eine Direktübertragung jener Emotionen, die sich dort befinden und die nichts sehnlicher möchten, als ausgesprochen zu werden. Und das geschieht mit einer tatsächlich sehr einfachen Formel: Ich BIN plus Adjektiv.
Also: Ich bin zornig. Ich bin wütend. Ich bin ratlos. Ich bin unzufrieden. Ich bin verzweifelt.
Aber selbstverständlich auch im positiven Sinne: Ich bin glücklich. Ich bin zufrieden. Ich bin verliebt.
Niemand – niemand! – wird imstande sein, den subjektiven Wahrheitsgehalt dieser Nachricht in Zweifel zu ziehen. Denn niemand kann sagen: „Nein, Du bist jetzt nicht zornig, wütend, verzweifelt.“ „Oder auch: Nein, Du bist jetzt nicht verliebt.“
Das klappt schon rein „physikalisch“ nicht.
Die (alles) entscheidende Wirkkraft der Ich-Botschaft entwickelt sich aber im wörtlichen Sinn hinter dem Komma. Was will ich damit sagen?

Stellen wir uns folgende Situation vor:
Eine Führungskraft hat einen Mitarbeitenden mit der Ausarbeitung eines Konzepts beauftragt und klar gebrieft, welche Aspekte in diesem Konzept beleuchtet werden

sollen. Nun kommt der/die Mitarbeiter*in zum vereinbarten Termin mit dem Konzept und die Führungskraft formuliert eine durchaus kritische Ich-Botschaft: „Ich bin mit diesem Konzept unzufrieden.“ Nun folgt das Komma und nach dem Komma sollte es dann sachlich weitergehen, damit die angesprochene Person nachvollziehen kann, woher denn nun die Unzufriedenheit stammt. Die konkrete Aussage könnte nun also lauten: „Ich bin mit dem Konzept unzufrieden, weil es zwei von drei inhaltlichen Komponenten, um deren Bearbeitung ich gebeten hatte, nicht enthält.“

Und nun wird Platz geschaffen für die Zwillingsschwester der Ich-Botschaft:
Die offene Frage. Die offene Frage wird bewusst nicht so gestellt, dass ein Ja oder Nein als Antwort folgen muss (denn das wäre ja dann eine typische geschlossene Frage), sondern arbeitet als sogenannte „W-Frage“: Wer, was, wo, wohin, wofür, womit, wozu ... Auf all diese Ws können inhaltliche Antworten erfolgen, die weitaus mehr hergeben, als ein bloßes Ja oder Nein.
Nur 1 „W“ ist „gesperrt“: Warum und sinngemäß auch Wieso und Weshalb.
Weil „Warum-Fragen“ sind Verhörfragen und produzieren Rechtfertigungsdruck und Angeklagte. Ich garantiere: Jedes noch so verlockende „Warum/Wieso/Weshalb“ kann durch ein anderes „W“ ersetzt werden.

Im konkreten Gespräch könnte nun die Führungskraft eben nicht fragen: Warum fehlen die von mir erwünschten Erläuterungen? Sondern die Frage könnte lauten:
„Was sind denn die strategischen Überlegungen, die zum Wegfall dieser Erläuterungen geführt haben?“ Auf diese Frage hat der/die Mitarbeitende nun eine faire Chance, seine/ihre Beweggründe darzustellen und mit dieser Argumentation möglicherweise auch die Enttäuschung des Auftraggebers zu entkräften.
So etwas erfüllt recht klar die Anforderung eines Diskurses mit Rede und Gegenrede und der Abwägung vernünftiger Argumente. Vernünftiger Argumente und nicht emotionaler Untergriffe.
Und das Beste daran: Beide kommunizierenden Partner können und dürfen auf ihren eigenen Feldern bleiben und müssen die Auseinandersetzung nicht auf dem Schrebergarten der jeweils anderen Person führen. Denn dort diktiert – wie schon weiter oben einmal erwähnt – der Diskussionspartner die Regeln.
Die Lösung wird nicht auf dem gegenüberliegenden Feld gesucht, sondern an der Grenze – quasi am Gartenzaun – der beiden Interessens-Gärten.

An dieser Stelle ist es de facto unmöglich, auf die Warnung vor einer der gefährlichsten geschlossenen Fragen zu verzichten. Diese lautet: Alles klar?
Es wird wohl niemanden geben, der/die nicht selbst schon ein paar Dutzend Male diese extrem unproduktive Frage

gestellt hat, die nur vom unausrottbaren „Hat´s geschmeckt?“ in der Gastronomie übertroffen wird.
Wehe, man erhält auf die Frage „Alles klar?“ ein JA. Was weiß ich dann: Nichts!
Und ich muss ab diesem Ja mit der Unsicherheit leben, was die gefragten Personen nun tatsächlich als nächste Schritte setzen werden und ob diese Schritte in Richtung des gewünschten Ziels laufen werden. Statt „alles klar“ genügt ein einfaches „Was machst Du nun als nächstes?“ oder „Wie gehst Du das Projekt nun konkret an?“ oder „Was wirst Du zum nächsten Meeting mitbringen?“ und schon eröffnen sich ungeahnte Antwort-Optionen mit der Chance auf rechtzeitige Präzisierung. Vernunft, Wertschätzung und realistische Abwägung von Optionen werden möglich.

Wir erinnern uns an die vier elementaren Fragen der Aufklärung:
1. Was kann ich wissen?
2. Was soll ich tun?
3. Was darf ich hoffen?
4. Was ist der Mensch?

Zugleich markieren Ich-Botschaften und offene Fragen einen zentralen Aspekt der Aufklärung: Die gerade heute so ultimativ relevant gewordene Wertschätzung und vor allem die Trennung der Botschaft von der Person. Was sich geradezu paradox liest, ist doch der Umstand, dass eine Ich-Botschaft völlig hierarchiefrei platziert werden kann,

weil sie sich ja „nur“ auf die eigene Befindlichkeit konzentriert und diese Artikulation in einem nicht-diktatorischen System doch wohl jeder Person zusteht.
Zugleich eröffnet die offene Frage einen wahrhaft egalitären Zugang in der Kommunikation, weil sie nach den Gesetzmäßigkeiten der Transaktionsanalyse aus dem sogenannten „Erwachsenen-Ich“ stammt, wo die Sachlichkeit, der Respekt und die Augenhöhe wohnen. Es ist nun mal ein fundamentaler Unterschied, ob ich einen Zu-spät-Kommenden mit der geschlossenen Frage „Glaubst Du, Du kannst Dir diese dauernden Verzögerungen leisten?“ oder mit der offenen Frage „Was hat Dich aufgehalten?“ begrüße.
Nach diesen prinzipiellen Erläuterungen möchte ich auf zwei Standard-Fragen eingehen, die schon beinahe reflexartig im Zusammenhang mit „Ich-Botschaft“ und „Offener Frage“ gestellt werden.

Die erste Frage lautet: Wie kann ich wissen, ob die Ich-Botschaft tatsächlich funktioniert und ob die empfangende Person nicht einfach mit Gleichgültigkeit darauf reagiert?
Meine Antwort: Noch vor der Pandemie hat der Stanford-Professor Robert Sutton einen Weltbestseller mit dem Titel „Der Arschloch-Faktor“ geschrieben. Und darin erläutert er, dass es in jedem System einen gesicherten Bodensatz von 20% Arschlöchern gibt. (Anm: Post-pandemisch erhöhe ich diesen Prozentsatz auf 30%) Bei diesen 20/30% wirkt die Ich-Botschaft nicht.
Nun stellen wir uns aber einmal vor, ich würde dieser

fragenden Person ein Lotto-Ticket mit einer 80- oder zumindest 70-prozentigen Gewinnchance anbieten: Würde sie das Ticket dann kaufen? Wahrscheinlich ja. Denn so hoch ist die geschätzte positive Wirkung einer Ich-Botschaft allemal.

Die zweite Frage lautet: Was mache ich, wenn die Ich-Botschaft offensichtlich nicht verstanden wurde? Antwort: Dann formuliere ich die Ich-Botschaft um. Denn – wie wir seit Paul Watzlawick wissen: Die Wahrheit entsteht im Kopf des/der Empfänger*in und wenn sie dort nicht wie gewünscht ankommt, muss ich mich darum kümmern, dass es passend gelingt. Denn das mangelnde Verständnis liegt in so gut wie 100% der Fälle nicht an der Akustik, sondern an der Semantik.
Empathie, Faktensicherheit und die Fähigkeit, sich in einem beweglichen System auch entsprechend selbst zu bewegen, sind und bleiben die Grundprinzipien zwischenmenschlicher Kommunikation.

Auch hier lohnt sich der Blick auf die Grundprinzipien der Aufklärung:
1. Das Selbstdenken.
2. An der Stelle jedes andern denken.
3. Jederzeit mit sich selbst einstimmig denken.
Kant hat den Vergleich mit einem Gerichtssaal benützt, wo im Fall einer Abwägung eines Sachverhalts eine nüchterne Analyse der Pros und Cons stattfinden sollte. Bis am Ende

der Auseinandersetzung der/die strengste Richter*in das letzte Wort hat: Das eigene Gewissen.
Dieser Zugang berührt mich schon viele Jahre lang, weil er einer Grunderkenntnis der Kommunikation entspricht: Wir sind als menschliche Wesen sowohl vernunftbegabt als auch mit reichen Emotionen ausgestattet.
In einer bildhaften Sprache entspricht das dem Symbol eines Eisbergs, dessen kleiner sichtbarer Teil die Sachebene mit allen Fakten abbildet und dessen viel größerer (unsichtbarer) Teil unter der Wasserlinie die Beziehungsebene mit ihren Emotionen zeigt.
Wenn wir an diesem Eisberg nicht zerschellen wollen, müssen wir die Existenz der Emotionen einkalkulieren und darauf achten, dass wir – speziell bei Konflikten – eine belastbare Beziehungsebene herstellen, bevor wir die sachliche Auseinandersetzung suchen. Das ist kein Widerspruch zum Stellenwert der Vernunft, sondern eine nicht nur hinreichende, sondern auch notwendige Grundvoraussetzung für eine rationale Analyse.
Übrigens: Mir ist bei einer zufälligen Recherche zum „Eisberg-Modell“ aufgefallen, dass dieses so besonders wirkmächtige Symbol von niemand Geringerem als Ernest Hemingway in den späten 30er-Jahren des 20. Jahrhunderts dargestellt worden ist ...

Regression und Change. Gleichzeitig.

Was uns heute Lebenden leider massiv in die Quere kommt, ist eine Art Regression hinter längst etablierte Errungenschaften des vernunft-orientierten Diskurses. Vielleicht, weil eine zu rigide Konzentration auf eine reine, emotionsbefreite Sachlichkeit zu einer Kaltherzigkeit geführt hat, die keinen Unterschied mehr zulässt zwischen Mensch und Maschine. Dieser Prozess ist – wie so vieles in der gesellschaftlichen Entwicklung – nicht überfallsartig, sondern schleichend vor sich gegangen.

Mit Schrecken erinnere ich mich an eine Diskussion im legendären „Club2“ des ORF Anfang der 80er-Jahre des 20. Jahrhunderts, als der teilnehmende Erfinder der Wasserstoffbombe – Edward Teller – mit eiskalter Ungerührtheit die Notwendigkeit und Sinnhaftigkeit ihrer Erfindung begründete, bis eine Teilnehmerin der damaligen Friedensbewegung vor laufender Kamera in Tränen ausbrach.

Der Bogen spannt sich bis zur noch immer nicht vollkommen überwundenen Corona-Pandemie, in der überdeutlich sichtbar wurde, wie die Wissenschaft und ihre Zweifler in „religiöser“ Polarität aufeinanderprallten. Ein Effekt, der auf einer besonders sensiblen Ebene – der Gesundheit – die ohnehin schon weit fortgeschrittene Zerrissenheit der modernen Gesellschaft bis zum heutigen Tag verstärkt und chronifiziert hat.

„Selbstverständlich“ haben sich auch das Tempo und die Schlagzahl der Veränderungen atemberaubend gesteigert. Für weite Teile der Menschheit gefühlt „out of the blue“ kam die Einführung von ChatGPT quasi über Nacht und hat sich zunächst mit spielerischen Elementen eine alltägliche Präsenz geschaffen.

So wie bei der Einführung des ersten iPhones von Apple, das mit verspielten Gimmicks den rein technokratisch-logischen Blackberry schlagartig sehr alt aussehen hat lassen. Oder – kurz nach Launch der AI – hat ein von mir besonders geschätzter lieber Freund der AI den Auftrag gegeben, ein Bild zu generieren, das unsere 3er-Herrenrunde im Stil von Toulouse-Lautrec illustriert.

Vor kurzem hat ein anderer Freund eine bemerkenswerte, aber auch sehr verstörende Anmerkung gemacht: „Bilder lügen immer.“ Ja, das „wusste“ man schon immer. Speziell in politischen Zusammenhängen war es zu Stalins Zeiten eine hohe Kunst hochprofessioneller Retuscheure, aus offiziellen Fotos jene Personen zu entfernen, die beim Diktator in tödliche Ungnade gefallen waren. Und „natürlich“ mussten die Bild-Bearbeiter die Lücke mit aktuellen Günstlingen füllen.

Heute sind die „social media“ voll mit „bearbeiteten“ Bildern, deren Authentizität kaum mehr überprüfbar ist. Das ist eine hochgefährliche Entwicklung, denn wie die Hirnforschung zeigt, wirken Bilder auf die rechte – „emotionale“ – Gehirnhälfte 60.000-mal schneller, als Worte auf die linke – „rationale“. Das ist eine einerseits sehr hilfreiche

Erkenntnis, weil sie uns hilft, „bildhafter“ zu formulieren und auf diese Art Kopfkino zu produzieren. Andererseits überlagern die nun völlig unbekümmerten technischen Tools jegliche Faktizität und erleichtern bis ins Kriminelle reichende Manipulationen. Ganz abgesehen von den schier unendlichen Optionen im Text-Bereich, die massive Auswirkungen auf die Wissenschaftlichkeit von akademischen Arbeiten, auf die literarische Qualität von Belletristik und auf die Kreativität von kommerzieller Kommunikation haben.
Völlig zurecht führen Autor*innen bittere Klage über die explosionsartig zunehmende „Künstlichkeit“ vermeintlich künstlerischer Werke der Literatur, weil das, was ChatGPT liefert, letzten Endes nichts anderes ist, als ein Raubzug bei bereits bestehenden Werken.

So bleibt uns bei all dem – und der Bogen der Möglichkeiten ist hier nur mikroskopisch klein angedeutet – die aufrüttelnde Erkenntnis, dass „wir“ uns mit großer Geschwindigkeit und sehr schneller Taktung auf etwas zu bewegen, das Peter Senge als „event-drivenness“ beschrieben hat. Also ein Reaktionsmuster, das uns auf überfallsartig wahrgenommene Ereignisse emotional re-agieren lässt, anstatt dass wir mit den Mitteln der Vernunft Entwicklungen beobachten und analysieren, um vorausschauend gestalten zu können.
Die menschliche Kombination von Intellekt und Empathie lässt uns noch für eine überschaubare Periode den Spalt

eines Zeitfensters offen, durch den wir unsere Vormachtstellung gegenüber der künstlichen Intelligenz im Auge behalten können.
Auch wenn der Algorithmus die menschliche Wahrnehmung längst in die Schranken gewiesen hat (er findet beispielsweise krankhafte Veränderungen in einer bildgebenden Diagnose erheblich früher, als das menschliche Auge das kann), so bleibt es doch der menschlichen Empathie vorbehalten, im Gespräch von Mensch zu Mensch nicht nur Lösungsmöglichkeiten zu erörtern, sondern auch so etwas unschätzbar Wertvolles wie Trost und Mitgefühl zu spenden.

Warum schreibe ich all das mitten in ein Kapitel, bei dem es um Konflikt-Management gehen sollte?
Weil Konflikt-Management etwas zutiefst Menschliches ist. Und weil der Primat der Vernunft am Ende der Auseinandersetzung und nach umfangreicher Würdigung aller emotionaler Befindlichkeiten die Alltagstauglichkeit der Lösungen sicherstellen sollte.
Weil dadurch auch die Übertragbarkeit der Lösungen (auf Neu-Deutsch: Der Roll-Out) auf andere sehr viel besser gelingen kann, damit die Kraft der Überzeugung auch für andere Teilnehmende des Systems verfügbar wird und bleibt. Je „artifizieller" der Lösungsansatz ist, umso schwächer wird die Glaubwürdigkeit und vor allem die Wiederholbarkeit des Angangs, was – wenig verwunderlich – eine der prinzipiellen Anforderungen wissenschaftlicher Arbeit ist. (Selbstver-

ständlich erhebt alltägliches Konflikt-Management nicht den Anspruch auf Wiederholbarkeit und Falsifizierung – wir wollen mal nicht übertreiben – aber so etwas wie eine Chance, auch bei anderen Teilnehmenden des Systems Verständnis und Nachahmungsbereitschaft zu bewirken, sollte schon im Bereich des Wünschenswerten liegen.)

Der Schattensprung.

Aus der Not, mit meinem üblichen Methodenschatz am Ende zu sein und einen gecoachten Konflikt-Dialog nicht an ein produktives Ende moderiert zu haben, ist vor ein paar Jahren ein Tool entstanden, das ich seither gerne einsetze und sich quasi „hintennach“ als durchaus dem Geist der Aufklärung entsprechend erwies:
Der Schattensprung.
Wenn sich zwei Menschen durch den Mangel an Vernunft und Einfühlungsvermögen sehr stark einander entfremdet haben, bleibt manchmal nur noch die Notbremse eines drastischen Instruments, das die beiden Konfliktpartner wieder einander näherbringt. Ich „verlange“ in solchen Szenarien, dass beide Personen sich überlegen, welches „Geschenk“ sie der jeweils anderen machen können. Wobei die beschenkte Person durchaus wissen und erkennen sollte, dass der Beitrag des anderen Menschen diesem wirklich schwerfällt. Also so etwas wie ein gerade noch verkraftbares Opfer, das beide einander spenden.

Der krampflösende erste Effekt bei dieser Methode besteht oft darin, dass sich die beiden Konflikt-Partner oft zum ersten Mal an diesem Tag einig sind: Beide sind gleichermaßen sauer auf mich, weil ich mir erdreiste, so einen Aderlass von ihnen zu verlangen.
Die vielfach erwiesene Wirksamkeit dieses Tools macht diesen Zorn auf mich meist gut aushaltbar. Nachdem das erste gemeinsame Grummeln überwunden ist, kommen dann meistens wesentliche Bewegungen in Gang, indem beide Partner tatsächlich Zugeständnisse/Angebote machen, die dem/der Empfänger*in großen Respekt abnötigen und diese/n zu einer gleichwertigen „Spende" motivieren.
Sehr oft handelt es sich bei diesen Spenden um eine endlich praktizierte kommunikative wechselseitige Transparenz und/oder um eine real erlebbare Haltung, die zum höchsten Gut im Zwischenmenschlichen überhaupt zählt: Loyalität.

Ich möchte mich hier auf keinen Fall dem Vorwurf der Argumentations-Klitterung aussetzen und alles und jedes mit dem Stempel der Aufklärung zwangsbeglücken, was de facto „nur" einem einfach anständigen Verhalten entspricht.
Und doch lässt sich der Schattensprung ohne ein Menschenbild, das von Vertrauen, Klarheit und Gerechtigkeit durchdrungen ist, nicht erfolgreich vollziehen.
Selbstverständlich begleitet von einer Grundausstattung an

Humanismus und auch von Toleranz, weil ohne den Verdacht, der andere Mensch könnte recht haben und von grundsätzlich guten Absichten geleitet werden, funktioniert eine faire Konfliktlösung nicht.

Denn hier – wie bei allen anderen Mechanismen des Konflikt-Managements auch – bewahrheitet sich der eherne Grundsatz: Konflikte werden nicht gewonnen oder verloren, sondern behandelt. Denn das Ziel gelungenen Konflikt-Managements ist nicht Sieg oder Niederlage, sondern die Handlungsfähigkeit aller Beteiligten am Ende der Auseinandersetzung.

Wir müssen nicht Taufpatenschaften und Trauzeugenrollen übernehmen oder am Wochenende miteinander grillen. Alles, was wir brauchen, ist ein verletzungsfreier Alltag. Und dafür brauche ich – ständig! – das Messinstrument einer Frage, die genauso banal ist, wie sie wirkt: Habe ich den Konflikt oder hat der Konflikt mich?

Solange ich entscheiden kann, wie sich der Konflikt entwickelt und wie ich mich in diesem Szenario bewegen kann, habe ich den Konflikt. Ab dem Moment, wo ich ganz sicher bin, den „anderen" durchschaut zu haben und wo ich meine (hoffentlich nur argumentativen!) Geschütze auf die Position der anderen Partei richte, riskiere ich einen lebensgefährlichen Tunnelblick und im schlimmsten Fall „friendly fire" mit der Vernichtung meiner eigenen Positionen.

Die kalenderspruch-verdächtige Erkenntnis des Volksmunds „einmal drüber schlafen" ist Goldes wert und sollte wenn möglich resolut praktiziert werden, um am nächsten Tag zu prüfen, ob der Stein des Anstoßes zum Sandkorn zerfallen ist oder zur Lawine angewachsen.

Und am Ende dieses kleinen Kapitels habe ich selbst auch noch den einen oder anderen Kalenderspruch beizutragen: Gehe niemals, niemals, niemals in einen Konflikt ohne ein eigenes Ziel. Sonst bleibt Dir die ganze Zeit nichts anderes übrig, als mit dem Ziel der anderen Person grade noch zurechtzukommen.

Konflikte sind normal. Sie sind der Zusammenprall verschiedener Interessen, die zur selben Zeit verwirklicht werden wollen. So etwas passiert andauernd. Überall. Allen.

Und: Konfliktvermeidung ist eine in der Substanz falsche Strategie. Sie führt zu systemischen Irritationen und zur Gastritis. Mindestens.

Und – ganz wichtig: Wenn Du in einem Diskurs zuhörst, dann höre wirklich zu, um aus dem Gehörten zu lernen. Nicht, um während des scheinbaren Zuhörens Deine Gegenargumente gegen das Gehörte aufzumunitionieren.

Und schließlich: Ein Kompromiss ist kein Zusammenschrauben von Bedingungen, die miteinander nichts zu tun haben. Diese inhaltliche Schraubklemme nennt man Junktim. Ein Kompromiss ist ein Geben und Nehmen innerhalb desselben Themas, eine Suche nach Schnittmengen, in denen sich beide Seiten gut aufhalten können. Die Briten nennen das sehr treffend: „Give to gain."

Wer das Ziel nicht kennt, der kann den Weg nicht finden.

Bei den obigen „Kalendersprüchen“ habe ich einen Begriff verwendet, dessen Bedeutung gar nicht hoch genug eingeschätzt werden kann: Das Ziel.
Dieser fundamentale Wegweiser durch das Leben durchläuft in den letzten Jahren eine ebenso fundamentale Neubewertung. Meine These lautet: In einem gesamtgesellschaftlichen Szenario, in dem die Existenz eines übergreifenden Grundkonsenses schon sehr lange fehlt – in Österreich lässt sich unschwer behaupten, dass der letzte dieser gesamthaften Klebstoffe die Zwei-Drittel-Mehrheit zum Beitritt in die EU gewesen ist (1994!) – hat sich das Grundrauschen von Vermeidungszielen zum Kammerton entwickelt, an dem die Instrumente des politischen Orchesters gestimmt werden. Diese sogenannten „Weg-von-Ziele“ ziehen sich als Blutspur durch den gesellschaftlichen Diskurs und bewirken ein Tinnitus-Geräusch des Bedürfnisses nach Abgrenzung. So steigert sich das „Weg-von“ zum „Hinaus-aus“, das sich bis in den ekelhaften Ruf nach der Deportation steigert.
Ein einziger Horror.
Wie ich gleich noch ausführlicher erläutern werde, sind die Weg-von-/Vermeidungs-Ziele zwar ein Teil der menschlichen Grundausstattung, sollten aber individuell und gesamthaft mit großer gemeinsamer Ausdauer in Hin-Zu-/ Erreichungs-Ziele orientiert werden. Schon alleine deshalb,

weil uns dieser Vorgang vor der sonst fast unvermeidlichen Punzierung als fremdbestimmte Opfer schützt und somit vor der selbstverschuldeten Unmündigkeit, aus deren Ausbruch uns die Aufklärung als Leuchtfeuer dient.

Hin-Zu statt Weg-Von. Erreichen statt Vermeiden.

In allen guten Ausbildungs-Instituten für professionelles Coaching wird größter Wert daraufgelegt, den Lernenden die elementare Bedeutung der Ziel-Klärung zu vermitteln. Tatsächlich ist lösungsorientiertes Coaching ohne ein klares, mit dem Coachee vereinbartes Ziel unmöglich. Wie soll denn sonst überprüft werden, ob die Betreuung des Klienten richtig liegt, wenn es nicht vorher klare Mess-Kriterien gibt, <u>wohin</u> sich die gemeinsame Arbeit bewegen soll?

Die vielen konkreten Erlebnisse mit meinen Klient*innen machen mich ganz sicher:
Nur mit einem gemeinsam vereinbarten und verstandenen Ziel ist zielführende Arbeit möglich. Und: Das gilt selbstverständlich nicht nur für berufliche Themen und Fragestellungen, sondern ganz genauso für private.
Wir alle kennen das leidige Dilemma, wenn wir zerrissen sind zwischen den „Weg-Von-Zielen“ und den „Hin-Zu-Zielen“, also dem, was wir vermeiden und dem, was wir erreichen wollen.

Mehr als 90 Prozent meiner KlientInnen hatten anfangs ein „Weg-Von-Ziel“. Sie wussten also ganz genau, was aufhören soll und wie sich der störende Mensch in der privaten oder beruflichen Umgebung doch bitte ändern sollte, damit es einem selbst endlich besser ginge.
Wenn der sture Chef endlich kapieren würde, dass mein Kollege eine Null ist, würde er doch längst mir die Prämie für das gelungene Projekt auszahlen. Wenn der bornierte Kunde nachvollziehen könnte, welch tolle Dienstleistungen er für sein knausriges Honorar bekommt, müsste man nicht jede Rechnung drei Mal nach-argumentieren. Wenn die Kinder endlich aufhören könnten, das Wohnzimmer zu verwüsten, hätte man am Abend ein Plätzchen, um die Füße hochzulagern.
Wenn der ignorante Nachbar endlich kapieren könnte, dass lautstarkes Heimwerken am Sonntagmittag ein No Go ist, könnte man sein Mittagsschläfchen in Frieden halten.

Auch wenn dieser innere Mechanismus vielen von uns sehr gut bekannt ist: Auf diese Weise macht man sich fremdbestimmt und das Gelingen der eigenen Pläne vom Wohlverhalten der anderen abhängig. Und wenn wir uns einmal so richtig in diesem gedanklichen Treibsand eingekringelt haben, dann ist es nicht mehr weit zur perfekten Übernahme einer Opfer-Rolle:
Die ganze Welt ist hässlich und das ganze Leben eine einzige Straf-Expedition.
(Dass rechts-populistische und faschistische politische

Bewegungen auf genau dieser Spirale nach unten reiten, habe ich schon ausgeführt, möchte ich an dieser Stelle aber noch einmal eindringlich wiederholen.)

Und dann klickt das nächste Zahnrad ins triste Uhrwerk: Die Flucht. Ich denke und spüre: Überall anderswo ist es besser als da, wo ich grade bin.

Auch das kennt man sowohl aus privaten wie aus beruflichen Szenarien. Und dann werden Beziehungen beendet und Jobs gekündigt. Mit einer fatalen Konsequenz: In die neue Beziehung und den neuen Job hat man den prallen Rucksack mitgebracht, in dem die alten, hinderlichen Muster wohnen. Und schon werden diese Muster ausgepackt. Sie sind in der Zwischenzeit gewachsen und ausgeschlafen und verrichten mit Blitzesschnelle ihr geübtes Handwerk. Wenn wir in einer solchen Schleife gefangen sind, holt uns die Spirale nach unten rasant in ihren Spin und wir fragen uns:

Wozu hab ich mir das angetan? Jetzt ist es ja noch schlimmer, als je zuvor!

Das Gegen-Konzept zu dieser für so viele unvermeidbar scheinenden und gefühlt schicksalshaften Entwicklung besteht im „Hin-Zu-Ziel“, dem Erreichungs-Ziel.

So sehr das Vermeidungs-Ziel mit Fremdbestimmung und Leid verbunden ist, so sehr lebt das Erreichungs-Ziel von der faszinierenden Kraft der Selbstbestimmung und des aktiven Gestaltens. Hier muss ich mich allerdings fragen: Was kann ich selbst tun, damit sich meine Lage zu meinen Gunsten ändert/bessert? Welche Fähigkeiten und

Ressourcen kann ich einbringen, um mein Schicksal selbst in die Hand zu nehmen? Wo will ich hin und was ist dort anders und besser, als bisher? Wie komme ich dort hin? Was ist der positive Unterschied zwischen heute und morgen? Wie motiviere ich mich selbst? Was ist (mir) zumutbar? Wann komme ich an?

Ohne jede Anmaßung: Ist das nicht eine alltagsgerechte Umsetzung des Ausbruchs aus der selbstverschuldeten Unmündigkeit? Ein Weg, den mir ein Ziel weist, das ich mit dem Mut, meinen Verstand zu benützen, entwickelt habe. Denn dann bin ich auch kein Opfer mehr, sondern Täter*in (und wem das zu martialisch ist: Gestalter*in). Und dann bin ich auch nicht (mehr) auf der Flucht, sondern auf der Reise.
In ganz vielen Fällen: Zu mir. Und immer wieder feststellbar: Zum crsten Mal!
Wenn ich nun liebevoll mit mir umgehen möchte, dann liegt es auf der Hand, sich für das Erreichungs-Ziel zu entscheiden und die Versuchungen des Vermeidungs-Ziels ins Exil zu schicken.
In beiden Ziel-Optionen sind Körper-Flüssigkeiten im Spiel: Bei den Vermeidungs-Zielen die Tränen, bei den Erreichungs-Zielen der Schweiß.
Der Unterschied macht uns sicher:
Ein Tag durchgeheult, lässt uns mindestens einen weiteren Tag sehr ramponiert aussehen. Nach einem durchgeschwitzten Tag springen wir abends in die Dusche, sind wieder frisch und verbreiten Wohlgerüche.

Bei diesem Punkt meiner Ausführungen hat einmal eine Teilnehmerin bei einem großen Teambuilding spontan ausgerufen: „Aha, jetzt weiß ich, was Du von uns willst: Du möchtest wissen, wofür wir schwitzen wollen!“ Ja, genau darum geht es.

Wofür wollen wir schwitzen?

Mit großer Inbrunst wird häufig die uralte fernöstliche Weisheit „Der Weg ist das Ziel“ zitiert und von vielen zum Mantra erhoben. Oft wird dieses Zitat Lao Tse zugeschrieben. Als Gegenpol steht uns das Konfuzius-Zitat zur Verfügung:
„Wer das Ziel nicht kennt, für den ist kein Wind der richtige.“ Oder, weniger blumig: „Wer das Ziel nicht kennt, kann den Weg nicht finden.“
So wird „Der Weg ist das Ziel“ im Alltag unangenehm häufig zur manchmal sogar bequemen Begründung, kein Ziel haben zu müssen und den Fokus der eigenen Betriebsamkeit auf die Tatsache, ohnehin in Bewegung zu sein, legen zu dürfen.
Dann ist man zwar den ganzen Tag lang beschäftigt, aber nicht produktiv.

Ein Ziel ist keine Zahl. Ziele sind Lösungen. Zahlen sind Ergebnisse.

Der CEO eines großen Konsumgüterkonzerns lädt mich zum Kennenlernen ein. Er möchte ein Teambuilding für sich und seine 18(!) Direct Reports. (Dass diese Anzahl von Leuten ausgerechnet das Doppelte einer gut führbaren Menge von Menschen ist, wollen wir im aktuellen Zusammenhang nicht weiter auswalzen.) Grade, weil ein Team ohne gemeinsames Ziel kein Team, sondern eine Gruppe ist, frage ich: Was ist denn das Team-Ziel Ihrer Direct Reports? Und der CEO antwortet wie aus der Pistole geschossen: ÜHU. Ich frage nach: Was ist ÜHU. Die Antwort: Über hundert Millionen Euro Umsatz. Meine Replik: Das ist doch kein Ziel. Das ist ein Ergebnis.
Reaktion des CEO: Oh, jetzt verstehe ich, warum meinen Leuten der Kugelschreiber nicht anspringt!
Ein Ziel ist eine realisierbare Vision. Etwas, das ich mit Ambition erreichen will und kann. Ein Ziel ist keine Zahl. Die Zahl ist ein Ergebnis, also ein key performance indicator (KPI) eines Ziels.
Ein Ziel ist ein Zustand, dessen Erreichung aus heutiger Sicht notwendig, wünschenswert oder lohnend ist. Eines dieser drei Kriterien sollte auf jeden Fall erfüllt werden.
Die überwiegende – um nicht zu sagen „überwältigende" – Mehrheit aller Ziele, mit denen Teams oder Einzelpersonen in der Wirtschaft heute auf die Reise geschickt werden, entpuppen sich als simple Zahlen. Und Dutzende

Male habe ich Top-Manager erlebt, die große Schwierigkeiten hatten, für sich selbst und/oder ihre Teams die Frage zu beantworten, <u>warum</u> diese Zahlen erreicht werden sollten. Die Erfüllung von Aktionärs-Interessen oder persönlichen Bonus-Bedürfnissen ist ein viel zu kurzatmiges Motiv, um dauerhaft Spitzenleistungen zu erbringen oder gar mit (unvermuteten) Schwierigkeiten zurechtzukommen. Die Erarbeitung von motivierenden Dimensionen jenseits der Zahlenebene hat hingegen mit ausnahmsloser Regelmäßigkeit zu einem Turbo an Leistungsbereitschaft und Ausdauer geführt.

Führung.

Warum sind Ziele so wichtig?
Weil der Führungs-Alltag ohne die Existenz eines Zieles nicht bewältigbar ist.
Führen heißt, eine Einzelperson oder eine Gruppe abhängig von einer bestimmten Situation auf ein vorgegebenes Ziel zu lenken.
In meinen Seminaren bitte ich die TeilnehmerInnen, diese inhaltliche Vorgabe in ihre Einzelteile zu zerlegen. Und dabei kommen gute Erkenntnisse zutage:
Führung muss nicht immer mit Gruppen oder Teams zu tun haben. Eine Einzelperson genügt oft schon vollkommen. Die Einzelperson kann mitunter auch ich selbst als Führungskraft sein.

Nur wenn ich mich selbst gut führen kann, werde ich auch mit anderen gut genug umgehen können.
Nicht jede Situation ist gleich, nicht jede Person reagiert auf sie in der gleichen Form. Deshalb ist es sehr hilfreich, sich ein Repertoire von Werkzeugen und Verhaltensweisen zurechtzulegen, das – abgestimmt auf die jeweilige Situation – zum Einsatz kommt.
Man nennt diese geistig-emotionale Beweglichkeit „situatives Führen".
Und: Führen heißt lenken. Auf ein vorgegebenes Ziel. Auf ein Ziel, das von der Führungskraft angesagt wird. Die Führungskraft ist dabei nicht der Lautsprecher der Mehrheitsmeinung der Geführten, sondern die inspirierende Figur an der Spitze, die den Horizont nach Zielen absucht und entsprechend entscheidet. Die Führungskraft sollte in dieser Sichtweise so oft wie möglich auf der Kapitänsbrücke stehen und sich so nachhaltig wie möglich aus dem Maschinenraum fernhalten. Auch wenn das Klappern der Ventile und der Dampf im Kessel und das ölverschmierte Blauzeug den faszinierenden und auch wahren Eindruck robuster Aktivität vermitteln:
Führen heißt anführen und nicht durchführen.
Das ultimative Führungs-Instrument ist die Entwicklung und Vorgabe von Zielen.
An diesem Punkt der Betrachtungen scheiden sich meist die Geister.
Ich möchte zuerst die unterschiedlichen Betrachtungsweisen darstellen und dann meine Sicht der Dinge, die auf

mindestens 30 Jahren konkreter Erfahrungen mit Führungsfragen ruht, ausführen.

Wenn ich mit Führungskräften arbeite, versuche ich immer, möglichst intensiv auf die jeweiligen Persönlichkeiten einzugehen. Da gibt es Menschen, die ihre Art der Wertschätzung für die Geführten dadurch zum Ausdruck bringen wollen, dass sie sich zum Hebel der Ambitionen der Mitarbeitenden machen wollen. Diese sehr ehrenwerte Orientierung nennt man „servant leadership“ und sie kommt besonders intensiv in Szenarien agiler Zusammenarbeits-Modelle zum Tragen. Die Führungskraft übernimmt dabei die Verantwortung für ausreichende Ressourcen und zeitliche Rahmenbedingungen und lässt den Mitarbeitenden möglichst viel Freiraum für die Entwicklung des gemeinsamen Ziels und natürlich auch für den Weg dorthin.

Eine andere Methode ist mit dem Namen „kooperative Führung“ oder auch „Management by Objectives“ bekannt geworden. Sie unterscheidet sich vom „servant leadership“ wesentlich dadurch, dass die Führungskraft nach ausführlichem Abwägen der strategischen Umstände und der verfügbaren Ressourcen – diese Analyse erfolgt gemeinsam mit dem Team – ein Ziel vorgibt und den Weg dorthin freilässt. Was leider bei diesem Modell allzu oft ignoriert wird, ist das Einpflocken von Meilensteinen (dies erfolgt vor dem Projektstart gemeinsam mit dem Team), um in gut getakteten Zeitabständen rechtzeitig drei Parameter zu überprüfen: Stimmt die Richtung noch, sind wir schnell genug, sind wir gut genug?

Zu all dem ließe sich noch viele Seiten lang vieles sagen, das habe ich in meinem Buch „Tool Box“ auch tatsächlich getan. Hier geht es mir erneut um den Praxistest der Axiome der Aufklärung. Nehmen wir wieder die beiden ultimativen Säulen dieses Gedankengebäudes, nämlich den Kategorischen Imperativ und den Ausweg aus der selbstverschuldeten Unmündigkeit.

Wie schon weiter oben erzählt, ist es einem Führungsteam sehr schlüssig gelungen, den Kategorischen Imperativ – so zu handeln, dass man vom eigenen Handeln eine allgemeine Gesetzgebung ableiten könnte – für sich praktikabel zu machen, indem die Führungskräfte für sich beschlossen haben, „nachahmenswert zu führen“.

Also Vorbild zu sein, Vorzuleben statt Vorzusagen und Verhaltensmuster als role models zu praktizieren.

Ich möchte erneut festhalten, dass mir dabei das Herz aufgegangen ist. Für mich haben sich bei dieser Erkenntnis zwei Faktoren aufgetan:

Erstens die Bestätigung meiner tiefen Erfahrung, dass Führung ultimativ viel mit Verantwortung zu tun hat. Es ist und bleibt eine zutiefst pragmatische Tatsache, dass es bei so gut wie jedem Projekt eine Person geben muss, die – ganz banal – den Kopf hinhalten muss für alles, was geschehen ist und vor allem auch für alles, was nicht geschehen/gelungen ist. Ich habe in all den Jahren noch kein Team gesehen, das kollektiv die Verantwortung für einen Misserfolg übernommen hat oder übernehmen musste.

Der große David Ogilvy hat diese klare Erfahrung vor vielen Jahren schon in einen seiner zahlreichen Leitgedanken gegossen: „Search all the parks in all the cities: You´ll find no statues of committees." Eine andere Lichtgestalt in meinem Werberleben – der großartig inspirierende Martin Puris – pflegte zu sagen: „A team will always outsmart an individual". Und die beiden Leuchttürme haben beide recht.

Es ist völlig außer Zweifel, dass die sogenannte Schwarm-Intelligenz den einsamen Ratschlüssen einer Einzelperson weit überlegen ist. Deshalb rege ich auch sehr intensiv an, den Wissens- und Kreations-Schatz eines Teams maximal auszureizen, bevor man an die Definition eines Ziels geht. Zugleich halte ich es aber auch für ein Privileg einer Führungskraft, aus diesen Ressourcen schöpfend ein sinnstiftendes Ziel zu schmieden.

An dieser Stelle habe ich große Hoffnung, dass nun niemand der polemischen Versuchung erliegt, dieses Privileg als „Privileg alter weißer Männer" zu diskreditieren. Zum einen ist diese meine Erkenntnis völlig frei von jeglicher Hautfarbenzuordnung oder Altersdiskriminierung, und zum anderen habe ich schon zu viele großartige Frauen erlebt, die sich zurecht auch für den Erfolg würdigen ließen, aus Erfahrung, Weitsicht, Kompetenz, Inspiration und Kreativität die richtigen Weichenstellungen vorgenommen zu haben.

„Leadership is all about compasses. Not roadmaps." – hat der wunderbare Warren Bennis festgehalten und daran halte auch ich mich mit sehr viel Leidenschaft.

Dem „erstens" mit der Bedeutung der Verantwortung für ein sinnstiftendes Ziel muss nun ein „zweitens" folgen, das eine essenziell aufklärerische Duftmarke setzt.

Wenn es in der Verantwortung der Führungsperson liegt, das Ziel zu definieren, so gehört es zu den vornehmsten Pflichten der Führungskraft, den Weg zu diesem Ziel freizulassen. Auf diese Weise wird Führen zur Anleitung zur Selbstbestimmung und zum Schlüssel aus der Gefängniszelle der fremdbestimmten Komfortzone.

Auch hier weiß ich durch selbst erlebte Erfahrung als Geführter genauso wie als Führungsperson und aus der mehrtausendfachen Beobachtung und Beratung der Führungspraxis anderer Personen, wie wunderbar befreiend es ist, den Weg zum Ziel selbst bestimmen zu können und wie extrem lehrreich die Entwicklungschancen aus dieser gelebten Haltung sind.

Delegieren – verstanden als die Personal-entwickelnde Übertragung von Aufgaben, die man am liebsten selbst erledigt hätte – wird so zur Expedition für Talente und Ambitionen, die sich sonst nie so unbekümmert entfalten hätten können.

Voraussetzung ist und bleibt der Ehrgeiz, den eigenen Verstand einzusetzen, denn sonst droht die selbstverschuldete Unmündigkeit und im worst case der „bore-out".

Noch ein Wort zum Thema „Führungs-Teams". Es ist kein Kalauer, wenn ich festhalte, dass sich in vielen Fällen der Begriff „Führungs-Team" als Widerspruch in sich darstellt. Zu oft gestaltet sich – je „höher", umso mehr – der Alltag eines Führungs-Teams als Wettbewerb von ego-getriebenen Einzelkämpfern, die sich im Gestrüpp von Revier- und Machtkämpfen verheddern. Oft in meinen Coachings erlebt: Das Schattenboxen mit „Kollegen" beim Kampf um Ressourcen und Einfluss, anstatt auch in einem solchen Szenario den weichenstellenden Parameter eines gemeinsamen Ziels zu nützen.
Plus: Die Loyalität der Führungskräfte zueinander sollte unter allen Umständen größer sein, als zu den jeweiligen Geführten. Heißt: Vorständ*innen, Geschäftsführer*innen, Abteilungsleiter*innen sollten sich in ihrer gemeinsamen Verantwortung für das Unternehmen nicht als Sprecher*innen der jeweiligen Geführten verhalten, sondern das gemeinsame übergeordnete Interesse als wichtigsten Parameter hochhalten.

Ein Take-away aus einem Führungs-Team-Workshop, in dem wir uns intensiv mit diesem Loyalitäts-Thema beschäftigt hatten: Dort hatten die Mitglieder des C-Levels den Unterschied zwischen den „Gefährten" (sich selbst) und den „Geführten“ (den Mitarbeitenden) festgemacht und ihre Prioritäten definiert.

Besonders sensibel gestaltet sich dieser praktische Interessens- und Rollenkonflikt bei den sogenannten „Sandwich-Positionen“ – also bei Führungskräften, die sowohl führen, als auch geführt werden. Hier hat sich die bewusste Zweigleisigkeit von Hebel und Impulsgeber sehr bewährt. Hebel als Instrument der übergeordneten Führung in das Unternehmen hinein und Impulsgeber aus der Perspektive der Alltagspraxis in der Führung eines Teams.

Team-Arbeit. Aufgeklärt zusammenarbeiten.

Ein Team unterscheidet sich von einer Gruppe oder Arbeitsgemeinschaft durch ein gemeinsames Ziel und eine Führungskraft.
An der Art, wie so ein Team zusammenarbeitet, kann man durchaus auch gedankliche Verbindungen zur Aufklärung festmachen. Denn gerade im Szenario der Team-Arbeit werden die vier fundamentalen Fragen der Aufklärung besonders relevant:

1. Was kann ich wissen?
2. Was soll ich tun?
3. Was darf ich hoffen?
4. Was ist der Mensch?

Selbst wenn man der Versuchung erläge, die ersten beiden Fragen als sogenannte „no brainer“ abzukanzeln (eine schlimme und nicht entschuldbare Abwertung), dann bleiben auf jeden Fall die Fragen „Was darf ich hoffen?“ und „Was ist der Mensch?“ als Leuchtfeuer bestehen. Was ist meine Ambition im Kontext einer Ansammlung anderer Menschen und was für Menschen sind das – was macht sie besonders, was unterscheidet uns von anderen Teams und welche individuellen Assets können wir als Team abrufen? Aber auch: Worauf sollen und müssen wir Rücksicht nehmen? Wer von uns hat besondere Bedürfnisse, welche identitätsstiftenden Merkmale sollen und müssen beachtet werden?
Auf der Ebene der Zusammenarbeit innerhalb von Teams zeigt sich der Prüfstein für ein aufgeklärtes Biotop. Oft viel deutlicher und intensiver, als in den Familien, mit deren Mitgliedern man real weniger Zeit verbringt, als mit den Kolleg*innen an den Arbeitsplätzen. Daran hat sich allerdings in den letzten drei bis vier Jahren sehr viel geändert. Durch den pandemiebedingt zwangsweisen Rückzug in die Homeoffices sind viele wieder mehr mit ihren Familienmitgliedern zusammen – inklusive der anfangs tatsächlich nicht zu unterschätzenden Rangeleien um technische Ressourcen, wie zu knapp bemessenem W-LAN und zu weniger Rechner.
Über die Auswirkungen dieser Entwicklung stelle ich ein bisschen später ein paar Gedanken an.
Selbstverständlich hat das digitale Zeitalter auch auf der Ebene von Projektarbeit seine Spuren gezogen. Ob diese

Auswirkungen nun kausal oder als Koinzidenzen stattfinden, muss uns jetzt nicht kümmern. Essenziell scheint mir die rapide Bedeutungszunahme der sogenannten agilen Arbeitsmethoden (SCRUM et al), die sich in den letzten 10 bis 15 Jahren mit großer Vehemenz abzeichnet.
Es ist hier nicht der Platz, substanziell in die Beschreibung der beiden (vermeintlichen) Antipoden „agil" und „Wasserfall" einzusteigen. Nur so viel:
Die agilen Projekt-Management-Methoden stammen ursprünglich aus der Software-Entwicklung und haben von dort ausgehend eine bis ins Dogmatische reichende Bedeutungszunahme verzeichnet. Gerade noch zulässig vereinfacht, nützt die agile Welt das gleichzeitige Nebeneinander unterschiedlicher Zugänge zu einer Aufgabe, um schneller und effektiver zu kreativeren Lösungen zu gelangen. Agil eben. Um diese Beweglichkeit abzusichern, existiert eine erstaunlich rigide Ansammlung von Regeln, für die es eigene Ausbildungen und Zertifizierungen gibt.
Entscheidend in diesem Regel-Kanon ist unter anderem die strikte Ablehnung eines Pflichtenhefts und von Interventionen der Führungskraft oder des Auftraggebers während einzelner Projektschritte (Sprints), um in möglichst großer gedanklicher Freiheit klar umrissene Arbeitspakete behandeln zu können. Diese Welt lebt ultimativ von großem Vertrauen in die Paktfähigkeit aller Beteiligten und dementsprechend von einer vielleicht nicht immer gesicherten Grundausstattung reihum guter Absichten.

Die Proponent*innen der agilen Welt blicken manchmal etwas abschätzig auf die Vertreter*innen der früher gängigen Methode des „Wasserfalls“, bei der – wie der Name andeutet – die Massen der Arbeitsschritte hintereinander über die Kante fließen. Diese Methodik zeichnet sich tatsächlich durch eine strikte, aber grundsätzlich vorhersehbare Planungsarchitektur aus, wodurch sie natürlich auch entsprechend weniger flexibel wird und dadurch manchmal tatsächlich schwerfällig und teurer wird, als die agilen Zugänge. Man sollte aber nicht in die Falle von polarisierten Interpretationen tappen, weil eine Aneinanderreihung von agilen Sprints, die in ihrer Anzahl nicht immer von vornherein fixiert werden können, manchmal auch erheblich teurer ausfallen kann, ohne ein eklatant besseres Ergebnis als der Wasserfall vorweisen zu können.

Aus meiner mittlerweile doch recht umfangreichen Beobachtung wage ich zu behaupten: Eine für alle Situationen und Gegebenheiten seligmachende Alleinstellung für eine der beiden Methoden kann ich nicht festmachen und das wird mittlerweile auch von kaum mehr jemandem ernsthaft so betrieben. Fest steht aus meiner Sicht: Je ergebnisoffener ein Prozess ist oder sein darf, umso geeigneter sind die agilen Methoden. Je mehr ein klar umrissenes Ergebnis mit einem strikt definierten Budget und Timing erforderlich ist, umso mehr sollte der Wasserfall das Mittel der Wahl sein. Es gibt einen großen Reichtum an hybriden Methodiken, die Teams vor der hinderlichen Einseitigkeit einer einzigen gedanklichen Welt schützen. In aufklärerischen Zusammenhängen gedacht, wirkt der agile Zugang sicherlich selbstbestimmter, kreativer und mündiger, während der Wasserfall einerseits ein nicht zu unterschätzendes Quantum an autoritärer Flussrichtung aufweist, zugleich aber mit vernünftiger Pragmatik zu ebensolchen Ergebnissen führt.

Was mich aber – je länger ich mich damit beschäftige, umso mehr – fasziniert, ist die Parallelität eines Tools mit den eingangs erwähnten vier Fragen der Aufklärung, das ich sehr gerne bei Teambuildings verwende. Dieses Tool heißt tatsächlich „4-Fragen-Probe“ und soll nun kurz beschrieben werden.

Die „4-Fragen-Probe“.

Dieses Werkzeug ist ein sehr probates Mittel, um ein Team gut ans Ziel zu bringen. Es ist kein Ersatz für ein inspirierendes Ziel, dessen Existenz der entscheidende Referenzrahmen für die Anwendbarkeit der 4-Fragen-Probe ist.

Konkretes Beispiel:

Ein Team sollte sich im Sinne der Erstellung eines gemeinsamen Regelwerks, das zur Ziel-Erreichung wichtig und nützlich ist, fragen:

Wenn wir das vorgegebene Ziel erreichen wollen,

- Was sollten wir dann können (welche Fähigkeiten brauchen wir)?

- Was sollten wir dann wissen (welches Know How brauchen wir und wie machen wir unsere Informationen für alle verfügbar)?
- Was wollen wir wollen (was ist unser „gutes Warum", das uns über Hindernisse und Schwierigkeiten trägt/unsere Motivation)?
- Was sind unsere Lizenzen und Limits (wie weit können/dürfen wir gehen und wo steht der Grenzzaun unserer Befugnisse)?

Es ist schier unglaublich, was für Ideen und Lösungen bei den Gruppenarbeiten zu diesen fundamentalen Fragen der Teamarbeit entstehen und wie alltagstauglich diese Erkenntnisse für praktisches Agieren einsetzbar sind.
Auch wenn ich vollkommen sicher bin, dass die Kantischen vier Fragen keine Rolle bei der Entwicklung dieses Instruments der realen Zusammenarbeit gespielt haben: Es macht Freude, die Parallelitäten der Zugänge zu sehen und es macht Mut, weiterhin auf diesen Zugang zu setzen.

Entfremdung.

In diesem Kapitel möchte ich eine doch bedenkenswerte Schattenseite der jüngsten Entwicklungen auf dem Arbeitsmarkt skizzieren, die eine große Gefahr für alle aufklärerischen Ambitionen darstellt.
Diese Betrachtung soll kein „Pamphlet" gegen Remote

Work sein. Es ist ein Hinweis auf die Notwendigkeit von Arbeitsplätzen – remote oder vor Ort – die mehr Magnetismus ausstrahlen, als ein monatlicher Kontoauszug.

Einige Jahre vor der Pandemie habe ich für ein sehr großes Call-Center in Deutschland Führungstrainings und Teambuildings durchgeführt. Dabei sind wir auf eine systemimmanente Hürde gestoßen: Die Auftraggeber des Call-Centers verlangten von ihrem Dienstleister, dass die Menschen und die Räume, in denen sie arbeiteten, im Sinne der betreuten Marken gebrandet sein mussten. Wenn jemand also für den Kunden XY das Telefon bediente, dann saß die Person in einem Großraumbüro, in dem Fahnen und Wimpel des Auftraggebers hingen und die Menschen an den Kopfhörern hatten natürlich auch Shirts in den Farben und mit dem Logo der Marke an, für die sie telefonierten. Das wurde von den Auftraggebern auch kontrolliert und ein „positives" Kontrollergebnis wirkte sich auf das Honorar des Dienstleisters aus. Und es war gut für die innere Zuwendung der Telefonierenden.

Zugleich war es ein Hindernis für die Loyalität der Mitarbeitenden zu jenem Unternehmen, das ihnen am Monatsende ihr Gehalt überwies. Die Führungspersonen brauchten ganz spezielle Talente, um ihre Mitarbeitenden im Sinne des arbeitgebenden Unternehmens zu führen.

In Zeiten wie diesen erinnere ich mich oft an diese Beobachtungen. Viele Mitarbeitende – speziell bei Dienstleistern – arbeiten im Home-Office. Manche möchten von dort gar nicht mehr in ihre „früheren" Büros zurück. Einige waren dort noch nie, weil sie erst im pandemischen Szenario zu ihren aktuellen Arbeitgebenden gefunden haben. Wenn diese Personen nun im besten Wortsinn ihre „Dienste leisten“, dann tun sie das in zunehmendem Maß für die Auftraggeber ihrer Arbeitgeber.

Und ihre „Dedication“ gehört den Auftraggebern und nicht den Arbeitgebern. Das kann zu einer tiefgreifenden Entfremdung zwischen jenen, die die Gehälter zahlen und jenen, die sie empfangen, führen. Die Corporate Identities, Firmenkulturen, non tangible assets, ungeschriebenen Gesetze und Feinstofflichkeiten des arbeitgebenden Unternehmens erodieren, werden hohl und zu bloßen Lippenbekenntnissen in Mission Statements. Im Zweifel gehen dann die dienstleistenden Arbeitnehmenden mit ihren „wahren“ Arbeitgebenden mit, wenn diese die Dienstleister wechseln.

Ein Querschnittsgewerk von „Bedarfs-Spezialisten“ entsteht, die sich nicht an den Werten von Firmen, IN denen sie arbeiten, orientieren, sondern nur noch an den Bedürfnissen von Auftraggebern, FÜR die sie arbeiten. Dieser Trend ist nicht neu.

Was fehlt, ist eine substanzielle Auseinandersetzung mit dieser Entwicklung. Sowohl in arbeitsrechtlicher, als auch in identitätsstiftender Hinsicht.

Schlussbetrachtung.

Dieses Büchlein ist von allen meinen bisher gedruckten Lebenszeichen wahrscheinlich jenes, das am meisten aus meinem Innersten kommt und mit Herzblut geschrieben wurde. Weniger aus missionarischem Eifer, sondern wesentlich aus einem besorgten Beben um jene Grundwerte, die mir bis vor wenigen Jahren als unverrückbar und ungefährdet erschienen.
Ein gutes Stück der Schreibarbeit wurde in einer dreiwöchigen Reha geleistet, in der ich mich von einer schweren Operation an meiner Wirbelsäule erholte und mich wieder beweglich machte. In jeder Hinsicht. Ich möchte deshalb zunächst ein paar Gedanken notieren, die mir in der Reha durch den Kopf und durch die Seele gingen:
Ein Gefühl beschleicht mich, das mich schon öfter aus dem Hinterhalt angesprungen hat und sich in überschaubarer Zeit fast immer als zutreffend herausgestellt hat.

Ich glaube, so etwas wie „die Ruhe vor dem Sturm" zu spüren.

Wir haben im Jahr 2024 zwei große Wahlen.
Die Europa-Wahlen und die Nationalratswahlen. Wenn man die US-Wahlen dazurechnet, für die wir nicht wahlberechtigt sind, die uns aber massiv tangieren, sogar drei.
Jetzt kommt der Moment, wo Leute wie ich immer ganz vorsichtig sein müssen. Obwohl ich immer wieder glaube,

mich gut in Menschen hineinversetzen zu können, macht mir der direkte Kontakt mit dem sogenannten „Mainstream“ doch regelmäßig klar, dass ich zu vielen Ausprägungen des Mensch-Seins keinen Sensor habe. Und dann denkt sich einer wie ich im ersten Angang: Bist du deppat, san die deppat!

So etwas kommt der Todsünde im Zwischenmenschlichen schon recht nahe.

Und trotzdem:

Es ist erstaunlich und streckenweise atemberaubend, auf welchem Wissensstand sich sehr viele Menschen befinden und nicht einmal wissen, wie prekär ihre Situation ist. Dunning-Kruger-Effekt nennt man das.

Schlimmer noch: Das Ausmaß des „Von sich selbst Überzeugtseins“ ist beklemmend. Wenn es nach dem Gutdünken vieler hier in der Reha Anwesender ginge, hätten wir längst den Weltfrieden, die allgemeine Gesundheit für alle und einen Wohlstand ohne Arbeit – passenderweise auch für alle. Entweder weltweit oder nur in Österreich, was für manche eh dasselbe ist – je nach politischer Orientierung.

Und natürlich tut das weh, wenn man es beobachten muss. Weil ich mir dann denke: Hallo, die Sprache derer, die um Stimmen werben, muss um so vieles besser verständlich werden. Die Sprache muss flacher werden, nicht aber das Niveau der dahinterliegenden Gedanken.

Als Boomer hab ich halt immer noch den alten Kreisky als Referenzrahmen, der es geschafft hat, inhaltlich interessant UND breit verständlich zu kommunizieren. Und der wunderbare Burgenländer Fred Sinowatz, den ich die Ehre hatte, als älteren Herren noch persönlich kennenzulernen, hatte so sehr recht mit seiner mutigen Ansage, dass die Umstände halt sehr kompliziert seien. Und wie sehr ist dieser Geistesriese von den Flachwurzlern verächtlich gemacht worden. Schande.

„Wir" – die Weltoffenen, die Menschenliebenden, die im besten Sinn Liberalen, die Nachdenklichen – müssen nachdenken, wie man mit dem Mainstream so kommuniziert, dass wir wieder zu mehr Solidarität, Empathie und Einsicht in die Notwendigkeit (Hegels Definition von Freiheit) finden.

Auch wenn zehn Minuten im Wartebereich vor der Stromtherapie Wünsche nach Elektrifizierung so mancher Ganglien wachrufen.
Wenn wir gegen das Dumpfe kein Rezept finden, werden die Dumpfbacken unser Leben bestimmen und damit auch ihr eigenes in den Abgrund reiten.

An diese Reha-Reflexionen möchte ich nun ein paar weiterführende Überlegungen hängen, die mir noch mehr Sorgen bereiten, als ich sie beim Beginn meiner Schreibarbeit ohnehin schon hatte.

Ich bin sehr stark davon überzeugt, dass wir uns am Beginn einer sehr realen Dystopie befinden und vielleicht stecken wir schon tiefer im Treibsand, als wir es aktuell wahrnehmen können. Meine Wahrnehmung als Politikwissenschafter, Kommunikationsmensch und systemischer Coach ist von der Vermutung geprägt, dass wir einen noch immer ungebremsten Change in Richtung Illiberalität durchlaufen, der erst am Anfang seiner Schrecklichkeit steht.

Ein Albtraum für jeden aufgeklärten Menschen.

Was ich in den letzten Wochen und Monaten auf erschreckende Weise lernen musste: Es ist völlig unerheblich, dass die Mehrheit der Menschen mit Kant, seinen Gedanken, seinem unglaublichen Einfluss und seiner vor 300 Jahren stattgefunden habenden Geburt nichts anfangen können. Das war wahrscheinlich all die 300 Jahre seither auch nicht wesentlich anders. Viel beklemmender ist der Umstand, dass die Grundprinzipien der Aufklärung – Vernunft, Toleranz, allgemeine Menschenliebe, Diskursfähigkeit, Befreiung aus der Unmündigkeit und eigenständiges Denken – nicht nur in Vergessenheit, sondern sogar in Verruf gerieten. Man denke nur an den Begriff „Gutmensch" und die Abschätzigkeit, die bei jenen, die ihn benützen, unverfroren mitschwingt.

Wir haben mittlerweile ein Gift in den Kapillaren unserer Gesellschaft, das wir erfolgreich überwunden glaubten und dessen toxische Kapazität sich – während wir uns in Sicherheit wähnten – potenziert hat: Den Hass.

Ein tödliches Gebräu, das jeder Aufklärung den Kampf angesagt hat und in seiner blindwütigen Einseitigkeit rabiat um sich schlägt.
Wenn ich auch dabeibleibe, dass das unermüdliche Aufeinander-Zugehen keine Alternative haben darf: Genauso bin ich sicher, dass das Poppersche Toleranz-Paradoxon (das Ende der Toleranz ist gegenüber der Intoleranz erreicht) längst real geworden ist. Es geht nicht mehr ohne eine deklarierte Doppel-Strategie:
Einerseits alles zu geben, das den Glanz, die Faszination und auch den Charme der Aufklärung zum Leuchten bringt. Andererseits aber auch mit Rückgrat und Vehemenz all jenen entgegenzutreten, die das Licht der Vernunft abdrehen wollen und den dumpfen Schatten der Ignoranz und auch der Indolenz über das Zusammenleben stülpen wollen.

Wir leben in gefährlichen Zeiten.
Und wir brauchen eine Allianz der Menschlichkeit und das Ende der Betulichkeit, mit der sich die Demokratie seit Jahren um die drängenden Themen des Zusammenlebens herumdrückt.
Wir müssen uns aufraffen und eine klare Kante ziehen gegen alle Formen des heraufdräuenden Faschismus. Das wird uns so lange nicht gelingen, solange wir uns in sprachpolizeilichen Manierismen verheddern, anstatt der mittlerweile nicht mehr nur verbalen Gewalt der Faschisten robust entgegenzutreten.

Ohne eine klare und eindeutige Allianz der Demokrat*innen ist es in erkennbarer Zeit vorbei mit den Freiheiten, an die wir uns in fahrlässiger Gleichgültigkeit gewöhnt haben. Und dann ist es auch vorbei mit der Komfortzone, die zur bequem möblierten Gefängniszelle geworden sein wird, denn die gewissenlosen Totschläger der Freiheit haben dann den Schlüssel umgedreht und weggeworfen.

Ich danke aus ganzem Herzen:
Meiner geliebten wunderbaren Frau, die meine vielen ungeordneten Gedanken ertragen hat und mir Mut gegeben hat – immer dann, wenn sich ein schlüssiger Faden zeigte, an dem ich weiterspinnen konnte.
Meinen Kindern, denn an ihnen erkenne ich den Wahrheitsgehalt des Kantischen Toleranzbegriffs: „Toleranz ist das liebevolle Annehmen des Anders-Seins.“
Meinen Freunden und Brüdern, die mir in unermüdlicher Ausdauer das Licht der Vernunft und der Menschenliebe vor Augen halten.
Meinen großartigen Kunden, ohne die ich den täglichen Reality-Check im Leben von Führungskräften und ihren Teams niemals so aktuell halten könnte, wie ich es schon so lange darf.
Ohne sie alle hätte ich längst die Zuversicht und die Ausdauer verloren, den Pudding an die Wand zu nageln.

Wien, April 2024

Bücher, denen ich möglichst viele Leser*innen wünsche:

- Ottfried Höffe, Der Weltbürger aus Königsberg. Immanuel Kant heute.
- Marcus Willa, Kant. Die Revolution des Denkens
- Susan Neiman, Widerstand der Vernunft. Ein Manifest in postfaktischen Zeiten.
- Susan Neiman, Links ist nicht woke.
- Julian Nida-Rümelin, Cancel Culture. Ende der Aufklärung? Ein Plädoyer für eigenständiges Denken.
- Norbert Bolz, Der alte weiße Mann
- Alexander Marguier, Ben Krischke (Hg.), Die Wokeness-Illusion. Wenn political correctness die Freiheit gefährdet.
- René Pfister, Ein falsches Wort. Wie eine neue linke Ideologie aus Amerika unsere Meinungsfreiheit bedroht.
- Warren Bennis, „Why leaders can´t lead" plus alle anderen seiner Bücher
- Robert Sutton, "Der Arschloch-Faktor"
- Peter Senge, „Die fünfte Disziplin" plus das dazugehörige Arbeitsbuch
- Sun Tsu, „Über die Kriegskunst"

Über den Autor.

Hannes Sonnberger, Jahrgang 1958, hat in Wien Politikwissenschaft und Publizistik studiert. Nach 20 Jahren als Führungskraft in der Werbung arbeitet er seit 2005 als zertifizierter Wirtschafts-Coach und betreut Führungskräfte in Deutschland und Österreich.

Bisherige Veröffentlichungen:
Toolbox – das beinahe ultimative Universal-Handbuch für Führungskräfte, 2016
ROT. Aus dem politischen Herzen. 2019
BLOG BUSTER. Subjektiv und frei von Balance. 2022

www.drsonnberger.com

Blog: Hannes schreibt
https://www.hannesschreibt.com